JN115086

改訂新版

日本語→中国語

くち
口を鍛える
中国語作文

―語順習得メソッド― 中級編

平山邦彦 著

コスモピア

本書執筆にあたって （前書にかえて）

　本書は、初級編同様、次の３点をねらいとして執筆しました。

1. 文の構造・語順を理解した上で、中国語の作文を行う。

2. 日本語から中国語へ変換するトレーニングによりスピーキング能力を鍛え、中国語的発想（中国語脳）を習得する。

3. 実用性の高い単語900語程度を600文の中で習得する。

　初級編を学習された読者の皆さんは、初級編の学習と変換練習を通して、中国語の基本語順に関する理解がある程度定着していることと思います。本書ではその理解を元に、ステップ段階として次の部分を習得していただきたく思っています。詳細は「本書コンセプトの紹介」と「学習の進め方・注意点」に譲ることにして、ここでは簡単な紹介にとどめておきます。

　①中国語の単文基本文型習得（PART1、PART2参照）。この部分では日本人学習者にとって習得における難点、キーポイントとなる項目を中心にピックアップしています。

　②中国語の複文表現（PART 3参照）。この部分では副詞**"就""也""都""才"**を用いた呼応表現、慣用表現各種を揃えています。

　③中国語各種慣用表現（PART 4参照）。ここでは使用頻度の高い、あるいは覚えておくと便利な項目を取り揃えています。さらに、単語や例文においても、初級編同様実用性の

高い単語を提示することにも気を配っています。

　以上のように中級編においては、初級編から加算された内容が豊富に盛り込まれています。しかし、難易度の如何に関わらず基本ポイントは同じ部分にあります。初級編同様、1. 構文がどのようなルールから成り立っているのかをしっかり理論的に理解すること、2. 日本語から中国語への反復練習、の重要性を強調したいと思います。読者の皆様にも、この点を常に念頭に置いた学習を行っていただきたく思います。これら理論と実践の補強を行うことで、その構文をしっかりと習得することができます。そして、その一歩一歩の積み重ねが、豊かな実践能力へと繋がることは間違いありません。中級編でも根気強くがんばりましょう。

　以下、簡単ですが 9 ページより本書コンセプトの紹介を行いました。本書が読者の皆さんの中国語運用力向上の一助になることを願っています。

　新版執筆に際し、例文も再チェックを行っています。各課のポイントを押さえつつ、中国語としてより自然な例に仕上げてまいりました。編集にあたりコスモピア株式会社の川田直樹氏にはたいへんご尽力いただきました。ここに深い感謝の意を記させていただきたいと思います。

平山 邦彦

Part **1** 中級の基本文型をおさえよう

(1) 「述語＋目的語」のバリエーション（其の三）

(2) 述語のバリエーション（其の二）

Part **2** 補語のバリエーションを増やそう

Part 3 副詞 "就" "也" "都" "オ" を用いた文をマスターしよう

Part **4** 中国語特有の
慣用表現を理解しよう

(8) 慣用表現

本書コンセプトの紹介

1 文の構造・語順を理解した上で、中国語の作文を行う

「文の構造と文法理解」という中で、**本書では特に語順体系に対する理解を重視しています。語順はどの言語についても重要な内容ですが、中国語においては特に重要な位置づけを占めています。**その意味から、本書では特にこの部分に関する解説を随所に入れるように心がけました。

まず、PART1、PART 2を学ぶことで、**単文（１文に１つの主語と述語しかない文）**の語順に対する理解を定着させます。次にPART3では**複文（２つ以上の単文を組み合わせて構成した文）**を多く扱っていますが（一部単文のものもあります）、この部分では構文習得と同時に、複文の基本語順を定着させます。PART１〜 PART 3の学習を通して定着させた語順理解を元に、PART 4では各種慣用表現を習得します。

以上の手順でこれら４つのパートを学習することで、さらに幅広い運用力の習得が予想されます。

以下、本書で取り上げた文法項目を、**語順**という観点からまとめておきたいと思います。

単文の語順習得ポイント（Part 1、Part 2）

枠組① **述語のバリエーション**⇒ Part 1（2）、Part 2（5）

　中国語の基本語順は「**主語＋述語（＋目的語）**」ですが、その中の述語も様々なバリエーションが存在します。中でも本書では**補語**が取り上げられています。大別すると、次のように分けることができます。

（其の一）形容詞の重ね型⇒ 10 課

> 例〕他的房间总是打扫得 <u>干干净净 的</u>。
>
> （彼の部屋はいつも**きれいに**掃除されています。）
>
> 她 <u>大大 的</u> 眼睛，长得真可爱。
>
> （彼女は**ぱっちりした**目をして、本当にかわいいです。）

（其の二）補語表現⇒ Part1（1）4〜9課、Part 2（5）

　ここでは、形式的な違いから中国語の補語表現を大別してみました。1 つは**動詞（形容詞）の後に直接補語を導く形式**。もう 1 つは、**動詞（形容詞）の後に"得""不"を用いて補語を導く形式**です。以下、具体例をあげておきます。

1 動詞（形容詞）の後に直接補語を導く形式

〔結果補語〕〔方向補語〕⇒ Part 2（5）20〜27課

この部分には、20〜22課の結果補語と23〜27課の方向補語を用いた形式が該当します。どちらも、目的語を用いる場合は補語の後ろに置かれます。

> 例〕我们俩谈**到**了天亮。
> **〔結果補語〕〔目的語〕**
> （私たち２人は夜明け**まで**語り明かしました。）
>
> 留**下**您的地址。
> **〔方向補語〕〔目的語〕**
> （あなたの住所を残す。）

〔程度補語〕"形容詞Ａ＋…"の形式⇒ Part1（2）6課

この部分に該当するのは形容詞を用いた "形容詞Ａ…" の形が用いられます。"…" の部分は "极了" "死了" "多了" など限られた決まり文句となります。

> 例〕好**极了**。（とても**すばらしい**。）
> **〔程度補語〕**
>
> 这个比那个好**多了**。（これはあれより**ずっと**よい。）
> **〔程度補語〕**

2 動詞（形容詞）の後に“得”“不”を用いて補語を導く形式

　中国語の述語の中には**“得”を用いて補語を導く形式“動詞 V**
＋得＋…”“形容詞 A ＋得＋…”及び**“不”を用いて補語を導く**
形式**“動詞 V ＋不＋…”**があります。

　中でも、“…”の部分は〔様態補語〕〔程度補語〕〔可能補語〕の
３つの可能性が存在します。

〔様態補語〕 ⇒ Part1（1）4、5課

　様態補語は**“V 得”の後ろに用いて、動作が「どんな様子」で**
あるのかを表します。その場合、大きく分けて２つのパターンが
存在します。

◎ **“動詞 V ＋得＋…”**

1　文中に動作の受け手が現れない場合（⇒動詞V＋得〜）

> 例〕跑 **得 很 快**。（走るのが速い。）
> 　　　**様態補語**
>
> 　　咳嗽 **得 真 厉害**。（咳が本当にひどい。）
> 　　　　　**様態補語**

2　文中に動作の受け手が現れる場合（⇒名詞N＋動詞 V ＋得〜）

> 例〕**歌** 唱 **得 不好**。（歌を歌うのが下手だ。）
> **受け手**　**様態補語**
>
> 　　**英语** 说 **得 很 流利**。（英語が流暢だ。）
> **受け手**　　　**様態補語**

〔**程度補語**〕 ⇒ Part1（1）6、7課

程度補語は **"V 得" "A 得"** の後ろに用いて、**動作や状態の「程度」がどのようなものか**を表します。その場合、大きく分けて2つのパターンが存在します。

◎ **"形容詞 A ＋得＋…"**

この部分における **"…"** は **"不得了" "厉害" "多"** など限られた決まり文句となります。

> 例〕 **高兴 得 不得了**。（嬉しくてたまらない。）
> 　　　 形容詞 　程度補語
>
> 　　 **中国 的 人口 比 日本 多 得 多**。
> 　　　　　　　　　　　　　　形容詞 程度補語
>
> 　（中国の人口は日本よりずっと多い。）

◎ **"動詞 V/ 形容詞 A ＋得＋動作 / 文"**

> 例〕 **吓 得 哭 起来 了**。（ショックのあまり泣き出した。）
> 　　 動詞 　程度補語（動作）
>
> 　　 **热 得 很 多 人 中暑 而 死**。
> 　形容詞 　　　程度補語（文）
>
> 　（多くの人が熱中症で死ぬほど暑い。）

〔可能補語〕⇒ Part1（1）8、9課

◎ **"動詞 V ＋ 不 ＋…"**

> 例〕看**不**见（見えない）
>   可能補語
>   吃**不**惯（食べなれない）
>   可能補語
>   抬**不**起 胳膊（腕が上がらない）
>   可能補語

枠組② 述語＋目的語のバリエーション

⇒ Part 1 （1）、（3）、Part 2 （6）

　初級編の初めの方で既に紹介しましたが、中国語の動詞と目的語は通常 **"動詞 V ＋ 目的語 O"** 語順となります。中には、日本人学習者が英語学習を通して持つ VO 語順に対するイメージから考えて馴染みにくいものも多々あるかと思います。本書では、この部分に該当すると思われるものをいくつか取り上げてみました。

1 切れ目の認識されにくい VO 構造

　この部分では、1,2,3 課の**離合詞**、そして 13 課の **"是…的"** 構文が該当します。

〔離合詞〕⇒ Part1 （1）1～3課

　離合詞は、通常辞書では単語として紹介されます。例えば **"帮忙"**

は「手伝う」、**"結婚"**と「結婚する」となるわけです。但し、これらは構造的には「動詞＋目的語」であり、厳密には単語ではなくなります。これに対して、多くの学習者においてはこれを構造的に一つの単語として捉え、次のような誤用をすることがよくあります。

＊の印は文法的に誤りのある文

例〕 あなたを手伝う　　　➡＊**帮忙 你**
　　　　　　　　　　　　（**帮 你的 忙**）
　　　　　　　　　　　　┗━━ 離合詞 ━━┛

　　 二度結婚したことがある ➡＊**结婚过 两次**
　　　　　　　　　　　　（**结过 两次 婚**）
　　　　　　　　　　　　┗━━ 離合詞 ━━┛

　　日本語の語感から見ると、「あなた」は目的語のようなイメージを与えますし、「二度」は「結婚する」という動詞を修飾しているようなイメージを受けることと思います。

　　しかし中国語では動詞 V の部分は**"帮""结"**であって、目的語 O にあたる**"忙""婚"**の後には**"你""两次"**を置くことはできなくなります。中国語には、このような離合詞がたくさん存在します。まずは基本的な離合詞をマスターしていきましょう。

〔**"是…的"構文**〕 ⇒ Part 1（3）13 課
　　また**"是…的"**構文は、「いつ / どこで / どうやって V したのだ」という意味で使われる構文ですが、動詞が目的語をとる場合、よく

"動詞 V ＋的＋目的語 O" の形で使用されます。

例）你 (是) 在哪里学**的**汉语?
（あなたはどこで中国語を学んだのですか。）

真 不可思议，他 (是) 怎么知道**的**这件事?
（本当に不思議だ。彼はどうやってこの事を知ったのだ。）

　初級段階の学習者にとっては、**"的"** が名詞を修飾する成分として被修飾語の前に置かれることを、既に理解し定着している方も多いと思います。（例「彼の本」→ **"他的书"**）。

　目的語の前に **"的"** が置かれるこの形は学習者の方には少し馴染みにくいかもしれません。**"是…的"** 構文も中国語の習得において重要なポイントとなるので、しっかり覚えておきましょう。

〔**"動詞V（補語D)…来/去" "動詞V（補語D)来/去…"**〕
⇒ Part 2（6）28 ～ 34 課

　動詞と**方向補語 (D)** と**方向動詞 "来／去"** をいっしょに用いた形式を取り上げておきました。この場合、**"V(D)…来／去" "V(D)来／去…"** 双方のパターンが存在します。その中で、基本的には前者がオーソドックスなパターンとなります。この部分は、初級編でも取り上げましたが、特に日本人学習者の中で誤用の多く見られる項目の一つとなります。誤用の原因は、「V してくる」という複合動詞としての語感から **"V(D) 来／去"** を 1 つの動詞として認知してしまうからと考えられます。

例〕私は、どうしてもよい考えが浮かびません。

➡ ＊我 怎么 想 也 想不出来 好办法。

（我 怎么 想 也 想不<u>出</u> 好办法 来。）

方向補語

彼は振り向いて、私をちらりと見ました。

➡ ＊他 转过来头，看了 我 一眼。

（他 转<u>过</u> 头 来，看了 我 一眼。）

方向補語

　補語の習得はネイティブに近い運用力を身につける上で必要不可欠な要素となります。1つ1つの意味用法を習得するという作業が必要で、これを機会に、意味と同時に語順に対する理解も確固たるものとして固めてほしいと思います。

2 目的語（O）として認識されにくい成分を用いた "動詞 V ＋目的語 O" 構造　⇒ Part 1（3）11、12 課

　中国語の動詞 V と目的語 O の関係はかなり幅広く、目的語の位置には動作の受け手・対象以外のものが置かれることがあります。ひいては、動作者が目的語の位置に置かれる構文も存在します。動作者は、通常日本語、英語共に主語の位置に置かれますので、戸惑う学習者の方も多々いらっしゃるかと思います。しかし、中国語においては**存現文**という形（特に文章として）で少なからず見ることができます。

例〕 树枝上停着 <u>一 只 小鸟</u>。
　　　　　　　 動作者

（枝に鳥が 1 羽泊まっています。）

妈妈，门口来了 <u>一 位 客人</u>。
　　　　　　　　 動作者

（お母さん、玄関にお客さんが来た。）

　これに加え、細かい動目語順（動詞と目的語の語順）をマスターすれば、中国語の語順理解もかなりのレベルに達したと言えるでしょう。

枠組③ 動詞の修飾⇒ Part 1 （4）

　中国語も日本語と同様、連用修飾語を動詞の前に置く語順が見られます。該当部分では、大きく分けて次の 3 つのパターンを取り上げています。

（其の一）受け身文⇒ Part 1 （4）14 課

　「…にⅤされる」という表現を中国語の受け身文で表す場合、前置詞 **"被""叫""让"** を用いて **"被（叫／让）…動詞Ⅴ"** と表現します。

例〕 **今天我睡过头，被妈妈叫醒了。**
（今日は私は寝過ごして、お母さんに怒られました。）

我**叫**他绊了一下，摔了一跤。
（私は彼に足を引っ掛けられて、転びました。）

（其の二）"**把**"構文⇒ Part 1（4）15 ～ 18 課

例〕**把**话说清楚。（話をはっきり言う。）

把书包放在桌子上。（カバンを机の上に置く。）

中国語では**"把"**を用いて「～を」という意味の成分を動詞の前に持ってくることができます。

（其の三）"**…地＋動詞V**"形式⇒ Part 1（4）19 課

例〕认认真真**地**学习。（一生懸命勉強しなさい。）

雨不停**地**下。（雨がひっきりなしに降っています。）

中国語の文では、**"地"**を用いて動詞の前にかなり多くの連用修飾語を置くことができるようになります。

複文の語順習得ポイント（Part 3、Part 4）

枠組④ **中国語の関連副詞**⇒ Part 3

中国語の複文においては、副詞（具体的には **"就" "也" "都" "才"**）などを使って呼応表現や接続表現を多く目にすることがあります。この場合、副詞の位置は動作の前となります。文頭に置くことはできません。

> 例〕如果 没有 事，我**就**去（* 就我去）。
>   **副詞**
> （もし用事がなければ、私は行きます。）
>
> 即使 大家 都 同意，我**也**反対（* 也我反対）。
>   **副詞**
> （たとえみんなが認めても、私は反対です。）

枠組⑤ **中国語の接続詞**⇒ Part 4

中国語の接続詞の位置に迷ったら、文頭に置くと間違いないと考えていただいてよいと思います。

> 例〕**因为** 电车 停了，**所以** 不能 按时 到达。
>   **接続詞**   **接続詞**
> （電車が止まったので、時間通りに到着することが
>   できません。）

> **不管**谁问，答案**都**一样。
> 接続詞 　　　　副詞
>
> （誰が聞いても、答えは同じです。）
>
> **虽然**我劝他休息，**可是**他不肯。
> 接続詞 　　　　　　接続詞
>
> （私は彼に休息するよう勧めたのですが、彼はそうした
> がりません。）
>
> **即使**有不开心的事，**也**不应该带进公共场合。
> 接続詞 　　　　　　　副詞
>
> （いやなことがあっても、公の場に持ち込んではいけ
> ません。）

　以上、接続詞の位置は文頭と覚えていただいて差し支えありま
せん（但し "**不但**（⇒60課）"のような特殊な状況もありますので、
この規則を覚えた上で例外も覚えていくという作業が必要となり
ます）。一部は、文頭のみならず主語の後に置かれる例も見ること
ができます（従属節に用いられるものが多く該当します）。

> 例〕他**虽然**善于读写，**可是**发音不怎么样。
> 接続詞 　　　　　　接続詞
>
> （彼は読み書きが得意ですが、発音が今一です。）

我**即使**帮你做作业，对你**也**不会有什么好处。
　【接続詞】　　　　　　　　　　【副詞】

（私がたとえあなたの代わりに宿題をやっても、あなた
にとって何のためにもなりません。）

　以上、中国語の文法体系について簡単に紹介しました。本書で
何度も強調していますが、中国語習得において語順理解は特に重
要なポイントの 1 つとなります。しっかりと、中国語の語順体系
を定着させましょう。

2 日本語から中国語へ変換するトレーニングによりスピーキング能力を鍛え、中国語的発想（中国語脳）を習得する。

　本書は初級編同様、「**中国語脳を作る**」ことを目標としています。これは、最終的には日本語からではなく、中国語を中国語として考えることのできる、実践的な能力です。

　初級編でも例としてとりあげましたが、日本語脳と中国語脳という点について言えば、これらの違いから見られる間違いをいくつも見ることができます。**本書コンセプトの紹介 1** でも取り上げましたが、以下に3点ほど代表的な例を挙げておきます。

　例1 あなたを手伝う
　　➡ *帮忙你
　　（帮你的忙　1課 - 1）

　例2 壁に1枚の絵が掛かっている
　　➡ *一幅画墙上挂着
　　（墙上挂着一幅画　11課 - 1）

　例3 よい考えが浮かぶ
　　➡ *想不出来好办法。
　　（想不出好办法来　31課 - 6）

これらは日本人学習者の誤用例としても取り上げられ、授業中でも頻繁に見られる例です。

　[例1]は**離合詞**表現です。[枠組②]でも取り上げましたが、一番のポイントは、「動詞＋目的語」のVO構造になっている点です。一般的に、離合詞は単語としての日本語訳が付けられます。（**"帮忙"**であれば「手伝う」「助ける」）。そして、英語学習の過程で「…をVする」という表現を"VO"、に変換する回路の形成されていることが推測されます。よって、**"*帮忙你"**などの誤用が生じやすくなるわけです。

　[例2]は**存在文**の例です。日本人学習者の大半が接してきた母語の日本語と第一外国語の英語では、動作をする者が目的語の位置にくるという語順はなじみのないことと思います。
　こちらも、日本語や、英語学習の過程において「…は」という主語に当たる単語を文頭に持ってくるため、誤用が起こりやすくなると考えられます（なお中国語話者にとって存在文中で動詞の後に置かれる成分（上の例では**"一幅画"**）は、動作の主体という感覚はないようです。この点は、先行研究で多くの指摘が見られます）。

　[例3]は、述語の**目的語と方向動詞"来""去"**を用いた際の語順問題となります。方向動詞**"来""去"**は、通常目的語Oの後ろに置かれます。この点は、初級編の前書きでも触れました。こ

の点に関しては、基本的な用法と同様に派生用法でも、**"来""去"** を目的語の前に置くという誤用が多く見られます。この部分に関しては、日本語の「くる」「いく」を用いた複合動詞の影響が大きいように思われます。日本語の語感としては「Ｖしてくる」「Ｖしていく」は、１つの動詞と感じられるのではないでしょうか。その感覚からＳＶＯに変換して、このような間違いを引き起こしたことは、想像に難くないでしょう。

　このような構文についても、しっかり理屈を押さえ何度も練習を行い、自然に文が発せられるレベルに高めていきましょう。そのプロセスを通して、中国人的な発想が徐々に養われていくことになります。

　本書では、文法項目をテーマとして１課ずつ纏められています。日本語と中国語が左右対称に８つ例示されています。これらの８例について日本語文を見て中国語文に瞬時に変換できるようレベルにもっていってもらいたいと思います。75課全ての例文について頭で考える時間を要さず、反射的に生産できるレベルに達していれば、中国語脳がかなり形作られていることが考えられます。

3 単語 900 語程度を 600 例文の中で覚えることができる

　本書では、900 語の単語が網羅されています。これは、初級編とほぼ同数の新出単語をピックアップしたことになります。単語量が 2 倍に増えるということは、さらなる豊かな表現の習得を手助けするものとなります。

　またドリルで取り上げた構文も日常会話等で必要とされる内容の大部分を網羅しているものです。さらに、例文に関しても耳にする会話や、ニュースや新聞等で耳にした記憶をもとに、使用頻度や実用性の高いと思われる単語や表現を積極的に盛り込んでいます。その中のいくつかを紹介します。

　　○　彼女**包丁の使い方が本当に危ない**。あれじゃ多分指を切っちゃうよ。

　　　⇒她**菜刀用得真危险**，这样怕会切了指头。

（5 課 - ⑧）

　　○　試合に負ける度に、監督はいつも**ぼやいています**。

　　　⇒每到比赛输了，教练都会**发出一些牢骚**。

（25 課 - ⑧）

　　○　**セクハラ**を受けたら、こちらの電話番号にお電話ください。

　　　⇒受到**性骚扰**，打这个电话就行了。

（47 課 - ④）

　実際の中国語において、これだけの単語を知っていれば、かなりのコミュニケーションに活用することができます。

トレーニングの進め方

学習は 1 課ごとに進めましょう。

ステップ ▶ ① 学習内容と文法をチェック

タイトル（左ページ上）と【文法をおさえよう】（右ページ上）を見て、学習内容と文の語順・文法を確認します。ここで、どの点が習得すべき事項となるのか大まかな部分を把握します。

ステップ ▶ ② 左ページ日本語文を見て中国語作文をする

各課のタイトルとポイントを確認した後に例文に移ります。まず例文一つずつに際し次の作業を行います。

（ⅰ）日本語文を確認。

（ⅱ）自分で文を考えてみる。（もしも思い浮かばなければ、すぐに（ⅲ）の作業に移る）。

（ⅲ）中国語文を確認してみる。

この時点で、学習者の皆さんご自身の考え付いた文と照らし合わせてみて、正解なのか否かを確認します。間違った部分や思いつかなかった部分があれば【文法をおさえよう】や【補足メモ】の解説を照合しながら理論的に理解を深めていきます。

ステップ ▶ ③ 中国語文を声に出して読む

　まずは、<u>1〜8の文について日本語文と対照しながら中国語文
を読んで</u>いきます。この際音声を聴き、中国語のリズムを確認し
ながら読んでいくと、発音やイントネーションが理解しやすくな
ります。8つの文全てに対して詰まることなく読めるようになっ
たことを確認したら、次の練習に移ります。

ステップ ▶ ④ 音声の日本語文を聴いて反射的に 中国語文に変換する

　<u>日本語文を聴いて、反射的に中国語文に変換</u>していく練習を行
います。

　間違いや詰まる部分がなくマスターできれば、その課はクリア
と考えて結構です。もしも変換できない文があれば、変換できる
まで練習をしましょう。

ステップ ▶ ⑤ 音声を聴いてシャドーイングを する

　文を瞬時に変換できるレベルに達した (基本構文が口に染み付
いた) 後、仕上げとしてリズムを確認しながら発音します。狙い
は、外国人的な発音を強制し、ネイティブらしいイントネーショ

ンを身につけていくことにあります。**文の構造と意味を噛みしめ
ながら、音声の声について読む作業（シャドーイング）を行います。**
耳と口、そして理論（脳）という総合的側面からしっかりとした
理解を固め、ネイティブらしい中国語を身につけていきます。

　以上、学習方法のサンプルを示しておきました。示した事例は、
あくまで筆者の経験と先行研究の成果をもとに紹介させていただ
いた事例になります。単純なプロセスですが、コツコツやってい
くことで、大きな力となることは間違いありません。正に「継続
は力なり」です。
　なお上の学習プロセスについては、特に進度やノルマは設定し
ていません。例えば1課ごとの学習において、1から5を全て1
日で行える人もいるでしょう。暗記できる容量、時間的な制約で
厳しい方もいらっしゃるかもしれません。その場合は分けて行う
形でも結構です。皆様のニーズに合わせた無理のない程度で学習
を行ってください。

[無料] 音声ダウンロードの方法

方法1 ストリーミング再生で聞く場合

面倒な手続きなしにストリーミング再生で聞くことができます。

※ストリーミング再生になりますので、通信制限などにご注意ください。
　また、インターネット環境がない状況でのオフライン再生はできません。

このサイトに
アクセスするだけ！
https://bit.ly/3mupt4g

1 上記サイトにアクセス！

　　スマホなら QR コード
　　をスキャン

2 アプリを使う場合は
　　SoundCloud に
　　アカウント登録（無料）

方法2 パソコンで音声ダウンロードする場合

パソコンで mp3 音声をダウンロードして、スマホなどに取り込むことも可能です。（要アプリ）

1 下記のサイトにアクセス

https://www.cosmopier.com/download/4864541572/

音声は PC の一括ダウンロード用圧縮ファイル（ZIP 形式）でのご提供です。解凍してお使いください。

トレーニングの注意点

1 大きな声を出して練習しよう

　本書はペーパーテストの練習ではなく、**スピーキング力を高める**ための本です。ですので、練習を行う際には、大きな声で読んでいくことが大切です。これは語学学習の中で昔から言われてきたことですが、本書でも同様のことを強調させていただきます。**近年は脳研究の立場からも、声を出して練習する場合の脳の働きは、黙読するよりもはるかに脳の働いていることが報告されています。**単純な話ですが、間違いを恐れずに大きな声で読んでいきましょう。

2 リズムを意識しよう

　外国語学習の初級段階では「発音が重要だ」と言われてきたことと思います。正しい発音、きれいな発音というのは重要な要素ではあります。但し、あまり1つ1つの発音に捉われすぎると返って構文習得の妨げともなりえます。実際筆者自身も、その点がネックとなっているような学習者を何人も見てまいりました。ヒトの認知構造はある物を**まとまり（チャンク）**として捉える機能が備わっています。よって正しい発音であっても、それがどういうチャンクの中で発せられているのか認識できなければ、その意味が相手にも伝わらなくなります。その点から考えても、流れるリズム

という点に意識するといいでしょう。**単語１つ１つ細切れにならないように、できるだけリズミカルに読んでいきましょう。** 単語間の息継ぎにあまり長い時間をかけすぎないようにしましょう。

❸ 全ての文を完璧にマスターしよう

冒頭でもお話しした通り、本書は文法的な体系をしっかり理解し、中国語コミュニケーションで必要とされる基本構文をスムーズに産出できるようになることを目標としています。しっかり文を習得できているか否か、文の一言一句に間違いや詰まった部分があればしっかりチェックし、修正しましょう。

❹ １グループずつ着実に理解して次のステップへ

本書は語順体系をもとに全 75 課を４つの Part に分類しています。 よって、次の Part にコマを進めていくには、前の Part の語順体系をしっかりマスターしておく必要があります。**必ず各 Part の語順体系をしっかりマスターしたかどうかを確認した上で、次の Part にコマを進めてください。** もしも、各 Part 内で反射的に中国語変換の行えないグループがあれば、その部分をしっかり補強し、次のステップにはコマを進めないでおきましょう。

本書の構成

1

*p.*38 ～ 193

〔文の構造図〕
文の構造が一目で把握できる
ように、なるべく図式で表しています。

---

1 ▶離合詞①

"帮忙" "毕业" "出差"
"辞职" "吵架"

🔊 Audio ▶ 01

1 すみません。あなたを**手伝う**ことはできません。

2 ちょっと**手伝って**くれませんか。

3 私は北京大学を**卒業しました**。

4 あなたの成績では**卒業**は無理だね。

5 私はアメリカに 1 カ月**出張します**。

6 お父さんは病気により**退職しました**。

7 彼ら二人は仲がよく、今まで**けんか**したことがありません。

8 息子は昨日友だちと大**喧嘩をしました**。

> 補足メモ
> ①. ②. 離合詞 **"帮忙"**「助ける；手伝う」。
> ③. ④. 離合詞 **"毕业"**「卒業する」。
> ③. **"北京大学"** の位置は離合詞 **"毕业"** の前。

38

〔音声〕
Audio
01 ～ 75
日本語→中国語
の順番で収録さ
れています。

〔補足メモ〕
例文で説明が必要なものについて、
ここで簡単な説明をしています。

〔文法をおさえよう〕
該当番号を明記しています。どの文に当た
るのかをしっかりとチェックしましょう。

文法をおさえよう

☆離合詞とは、2語（動詞＋目的語）が組み合わさることで1つの
動作を表す語。

例: 帮 ＋ 忙 ⇒ 「助ける；手伝う」……………… [1][2]
　　 (動詞) (目的語)

☆助詞（"了"など）や補語（"下""不了""过"など）は動詞の後
ろに置く。 ………………………………… [1][2][4][6][7][8]

不好意思，我**帮**不了你的**忙**。
Bù hǎoyìsi, wǒ **bāng**buliǎo nǐ de **máng**.

能不能给我**帮**下**忙**?
Néng bu néng gěi wǒ **bāng** xià **máng**?

我(从)北京大学**毕业**。
Wǒ (cóng) Běijīng dàxué **bìyè**.

看你的成绩，**毕**不了**业**。
Kàn nǐ de chéngjì, **bì**buliǎo **yè**.

我到美国**出**一个月的**差**。
Wǒ dào Měiguó **chū** yí ge yuè de **chāi**.

爸爸由于生病**辞**了**职**。
Bàba yóuyú shēngbìng **cí**le **zhí**.

他们俩很要好，从来没**吵**过**架**。
Tāmen liǎ hěn yàohǎo, cónglái méi **chǎo**guo **jià**.

儿子昨天跟朋友大**吵**了一**架**。
Érzi zuótiān gēn péngyou dà **chǎo**le yí **jià**.

〔日本語文・中国語文〕
各課、文法の該当箇所は
分かりやすく太字にして
あります。

[5]. 離合詞 "**出差**"「出張する」。
[6]. 離合詞 "**辞职**"「仕事をやめる」。
[7]. [8]. 離合詞 "**吵架**"「口げんかをする」。

(Part1 中級の基本文型をおさえよう) 39

本書の構成

2

*p.*195 〜 233

50 音順
フレーズトレーニング

こでは本文中で使用しているフレーズ（句）を 50 音順に配列してあります。音声を聴いて覚えましょう。このトレーニングをすることで本文の作文がしやすくなります。

〔音声〕
Audio76 〜 118
日本語→中国語の
順番で収録されています。

本文の番号
本文のどの例文で使用しているのか分かるように番号を表示しています。

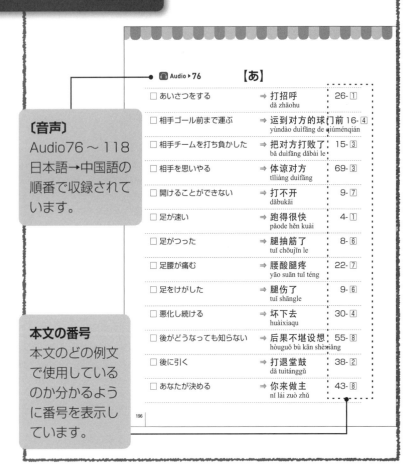

🎧 Audio ▶ 76　　【あ】

196

36

Part

1

中級の基本文型を
おさえよう

▶離合詞①

"帮忙" "毕业" "出差"
"辞职" "吵架"

🎧 Audio ▶ **01**

---

1 すみません。あなたを**手伝う**ことはできません。

---

2 ちょっと**手伝って**くれませんか。

---

3 私は北京大学を**卒業しました**。

---

4 あなたの成績では**卒業**は無理だね。

---

5 私はアメリカに 1 カ月**出張します**。

---

6 お父さんは病気により**退職しました**。

---

7 彼ら二人は仲がよく、今まで**けんかし**たことがありません。

---

8 息子は昨日友だちと大喧嘩をしました。

 補足メモ

1. 2. 離合詞 **"帮忙"** 「助ける；手伝う」。
3. 4. 離合詞 **"毕业"** 「卒業する」。
3. **"北京大学"** の位置は離合詞 **"毕业"** の前。

文法 をおさえよう

☆離合詞とは、2語（動詞＋目的語）が組み合わさることで1つの動作を表す語。

例： 帮 ＋ 忙 ⇒ 「助ける；手伝う」 ………… ①②
     動詞　**目的語**

☆助詞（"了"など）や補語（"下""不了""过"など）は動詞の後ろに置く。 ……………………………………………… ①②④⑥⑦⑧

不好意思，我帮不了你的忙。
Bù hǎoyìsi, wǒ **bāng**buliǎo nǐ de **máng**.

能不能给我帮下忙？
Néng bu néng gěi wǒ **bāng** xià **máng**?

我（从）北京大学毕业。
Wǒ (cóng) Běijīng dàxué **bìyè**.

看你的成绩，毕不了业。
Kàn nǐ de chéngjì, **bì**buliǎo **yè**.

我到美国出一个月的差。
Wǒ dào Měiguó **chū** yí ge yuè de **chāi**.

爸爸由于生病辞了职。
Bàba yóuyú shēngbìng **cí**le **zhí**.

他们俩很要好，从来没吵过架。
Tāmen liǎ hěn yàohǎo, cónglái méi **chǎo**guo **jià**.

儿子昨天跟朋友大吵了一架。
Érzi zuótiān gēn péngyou dà **chǎo**le yí **jià**.

⑤. 離合詞 **"出差"** 「出張する」。
⑥. 離合詞 **"辞职"** 「仕事をやめる」。
⑦. ⑧. 離合詞 **"吵架"** 「口げんかをする」。

2

▶離合詞②

"打架" "开玩笑" "道歉"
"排队" "结婚" "请假"

🎧 Audio ▶ 02

1　彼は何かというとすぐ手を出し、いつも他人と**けんかをします**。

2　息子は昨日友だちと**けんかして**、顔がはれ上がっています。

3　これは明らかにあなたが間違っているから、彼に**謝り**なさい。

4　李君は来月張さんと**結婚します**。

5　彼女は二度**結婚した**ことがありますが、結果どちらも駄目になりました。

6　私を**からかわ**ないで。

7　万博会場はどこでも長い**行列ができ**ています。

8　私は会社に3日間の有給**休暇をもらい**ました。

補足メモ
　1. **"动不动就…"** は「何かというと…」「何かにつけて…」という意味。
　3. **"是…不对"** は「…が悪い」という慣用表現。

40

文法 をおさえよう

☆代表的な離合詞

◎"打架":「(殴り合いの)けんかをする」 ……… 1 2
◎"道歉":「謝る；詫びる」 ………………………… 3
◎"结婚":「結婚する」 ………………………………… 4 5
◎"开玩笑":「冗談をいう；からかう」 …………… 6
◎"排队":「列をつくる；順番に並ぶ」 …………… 7
◎"请假":「休暇をとる」 …………………………… 8

他动不动就动手，总是跟别人**打架**。
Tā dòngbudòng jiù dòngshǒu, zǒngshì gēn biéren **dǎjià**.

儿子昨天跟朋友**打**了**架**，脸上肿起来了。
Érzi zuótiān gēn péngyou **dǎ**le **jià**, liǎnshang zhǒngqilai le.

这明明是你不对，应该向他**道**个**歉**。
Zhè míngmíng shì nǐ bú duì, yīnggāi xiàng tā **dào** ge **qiàn**.

小李下个月跟小张**结婚**。
Xiǎo Lǐ xià ge yuè gēn Xiǎo Zhāng **jiéhūn**.

她**结**过两次**婚**，结果都分手了。
Tā **jié**guo liǎng cì **hūn**, jiéguǒ dōu fēn shǒu le.

别**开**我的**玩笑**。
Bié **kāi** wǒ de **wánxiào**.

世博会场到处都**排**起了长**队**。
Shìbó huìchǎng dàochù dōu **pái**qile cháng **duì**.

我向公司**请**了三天带薪**假**。
Wǒ xiàng gōngsī **qǐng**le sāntiān dàixīn **jià**.

Part1 中級の基本文型をおさえよう 41

3

▶離合詞③

"撒谎" "生气" "随便"
"问好" "洗澡" "着急"

🎧 Audio ▶ 03

---

① **うそつか**ないで、本当のことを言って。

---

② 私を信じなさい。僕があなたに**うそをついた**ことがあるか。

---

③ 彼女に謝るべきだ。彼女はあなたのこと**怒っている**よ。

---

④ 私を**怒ら**ないでくれ。ほんの冗談だから。

---

⑤ どうしようと、あなたの**勝手です**。

---

⑥ ご家族に**よろしくお伝え**ください。

---

⑦ まず**一風呂浴びて**から食事にします。

---

⑧ あなた何を**慌てている**の。

---

④. **"生〜的气"** は「〜に腹をたてる」という意味の決まり文句。
⑤. **"随〜的便"** は「〜の自由にしてもらう」という意味の決まり文句。

文法 をおさえよう

☆代表的な離合詞

◎"**撒谎**":「嘘をつく」……… ①②
◎"**生气**":「怒る」…………… ③④
◎"**随便**":「自由にする」……… ⑤　◎"**洗澡**":「入浴する」 …⑦
◎"**问好**":「よろしく伝える」… ⑥　◎"**着急**":「慌てる」 ……⑧

別**撒谎**了，说真话！
Bié **sāhuǎng** le, shuō zhēn huà!

相信我，我跟你**撒过谎**吗？
Xiāngxìn wǒ, wǒ gēn nǐ **sā**guo **huǎng** ma?

你应该向她道个歉，她**生**你的**气**了。
Nǐ yīnggāi xiàng tā dào ge qiàn, tā **shēng** nǐ de **qì** le.

別**生**我的**气**，只不过是开玩笑而已。
Bié **shēng** wǒ de **qì**, zhǐbuguò shì kāi wánxiào éryǐ.

怎么办，**随**你的**便**。
Zěnmebàn, **suí** nǐ de **biàn**.

请向家里人**问**个**好**。
Qǐng xiàng jiālirén **wèn** ge **hǎo**.

先**洗**个**澡**再吃饭。("先～，再..." ⇒ 51 課)
Xiān **xǐ** ge **zǎo** zài chī fàn.

你**着**什么**急**？
Nǐ **zháo** shénme **jí**?

---

⑧. **"着什么急"** は「何を慌てているの」という意味の決まり文句。

4

▶様態補語① "得"

〔動詞〕+ "得" + ～
V　　　　〔様態補語〕
「V するのが～」「～な感じで V する」

🎧 Audio ▶ 04

---

① 彼は**足が速い**です。

---

② どうしたの。どうして**そんなに早歩き**なの。

---

③ 李君、傷の**具合はどうなりました**か。

---

④ 風邪引いたの。**咳が本当にひどい**ね。

---

⑤ 私は視力がよくなくて、遠くのものが**ぼやけて見えます**。

---

⑥ 今回**世話が行きとどいておらず**、ここにお詫び申し上げます。

---

⑦ **そんな複雑に考える**なよ。もっとリラックスしようよ。

---

⑧ 昨日の試験、**受けてどうだった**。

---

⑦. **"再+形容詞+一点儿"** は「もっと…しなさい」という意味の慣用表現。

44

☆様態補語とは「動詞＋"得"」の後ろに置き、動作の様子を示す語。

例： 跑 ＋ 得 ＋ 很 快 「走るのが速い」 ·················· ①

　　 (動詞)　　　(様態補語)

※様態補語を用いた文中で "很" "真" などの程度を表す副詞を用いる場合、「動詞＋"得"」後の形容詞の前におかれる。動詞の前に置くことはできない。(* 很跑得快 * 真咳嗽得厉害) ·················· ①④

他跑得很快。

Tā pǎode hěn kuài.

怎么了，你怎么走得这么快？

Zěnme le, nǐ zěnme zǒude zhème kuài?

小李，伤(势)治得怎么样？

Xiǎo Lǐ, shāng(shì) zhìde zěnmeyàng?

你是不是感冒了？ 咳嗽得真厉害呀！

Nǐ shì bu shì gǎnmào le? Késoude zhēn lìhai ya!

我是视力不好，远了就看得模糊不清了。

Wǒ shì shìlì bù hǎo, yuǎnle jiù kànde móhu bù qīng le.

这次照顾得不周到，在此略表歉意。

Zhèicì zhàogude bù zhōudào, zài cǐ lüèbiǎo qiànyì.

别想得这么复杂，再放松点儿！

Bié xiǎngde zhème fùzá, zài fàngsōng diǎnr!

昨天的考试，你考得好不好？

Zuótiān de kǎoshì, nǐ kǎode hǎo bu hǎo?

---

⑧. 様態補語を用いた反復疑問文は "動詞 V ＋得＋～不～？" となります（"考＋得＋好不好？"）。

5

▶様態補語② "得"

目的語＋〔動詞〕＋"得"＋～
O   V   〔様態補語〕

「O を V するのが～」「～な感じで O を V する」

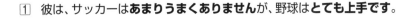

🎧 Audio ▶ 05

---

1 彼は、サッカーは**あまりうまくありません**が、野球は**とても上手です**。

---

2 私は**歌を歌うのが**うまくないので、いつも音程が外れます。

---

3 彼は英語が**流暢で**、まるでネイティブと同じようです。

---

4 彼は道を**早足で歩く**ので、私はついていけません。

---

5 あなたは皿の**洗い方がいいかげん**だね。まだ汚れが残っているじゃない。

---

6 彼は**どんぶり勘定**で、計画性がありません。

---

7 明日、朝、**会議が早い**ので、私は1時間早く出勤します。

---

8 彼女包丁の**使い方が本当に危ない**。あれじゃ多分指を切っちゃうよ。

補足メモ

3.**"像～一样"**は「まるで～のようだ」という意味の慣用表現。
7.**"提前＋～＋動詞 V"**は「～前に V する」という意味の慣用表現。

46

☆様態補語が目的語を取った場合の語順は目的語を動詞の前に置く。

例：歌＋唱＋得＋不好 「歌を歌うのが下手」………… ②

目的語　動詞　　様態補語

他足球**踢得不太好**，可棒球**打得挺不错**。
Tā zúqiú **tīde bú tài hǎo**, kě bàngqiú **dǎde tǐng bú cuò**.

我歌**唱得不好**，总是走调。
Wǒ gē **chàngde bù hǎo**, zǒngshì zǒudiào.

他英语**说得很流利**，像当地人一样。
Tā Yīngyǔ **shuōde hěn liúlì**, xiàng dāngdìrén yíyàng.

他路**走得快**，我跟不上。
Tā lù **zǒude kuài**, wǒ gēnbushàng.

你盘子**洗得太马虎**了，还留着污垢啊。
Nǐ pánzi **xǐde tài mǎhu** le, hái liúzhe wūgòu a.

他花钱**花得都是糊涂账**，没有计划性。
Tā huā qián **huāde dōu shì hútuzhàng**, méiyou jìhuàxìng.

明天早上会议**开得早**，我得提前一个小时上班。
Míngtiān zǎoshang huìyì **kāide zǎo**, wǒ děi tíqián yí ge xiǎoshí shàngbān.

她菜刀**用得真危险**，这样怕会切了指头。
Tā càidāo **yòngde zhēn wēixiǎn**, zhèiyàng pà huì qiēle zhǐtou.

6

▶程度補語① "极了/得不得了"

〔形容詞〕+ "极了 / 得不得了"
~ 〔程度補語〕
「非常に~だ」「~でたまらない」

🎧 Audio ▶ **06**

① これは**とても**すばらしい。

② ここ数日**忙しくてたまりません**。

③ 私は**嬉しくてたまりません**。

④ 私は**お腹がすいて死にそう**だ。

⑤ 私はここ数日**痛みが激し**かったので、医者に行きました。

⑥ 咳が**本当にひどいです**ね。のど飴でも舐めたら。

⑦ 質についてはこっちの方があれよりも**ずっとよい**。

⑧ 中国の人口は日本より**ずっと多い**。

補足メモ

② **"~得要命"** は主にマイナス面で用いられる。
⑦ **"论~"** は「~については」という慣用表現。

48

☆程度補語とは形容詞の後ろにつけ、形容詞の程度の高さを表す語。

◎ "〜极了":「非常に〜」 $\boxed{1}$ ◎ "〜多了／得多":「ずっと〜」 $\boxed{7}\boxed{8}$

◎ "〜得要命":「〜でたまらない」 ……………… $\boxed{2}$

◎ "〜得不得了":「〜でたまらない」 ………… $\boxed{3}$

◎ "〜死了":「死にそうなくらい〜」 …………… $\boxed{4}$

◎ "〜得厉害":「尋常でないくらい〜」 ……… $\boxed{5}\boxed{6}$

这个**好极了**。
Zhèige **hǎojí le**.

这几天**忙得要命**。
Zhè jǐ tiān **mángde yàomìng**.

我**高兴得不得了**。
Wǒ **gāoxìngde bùdéliǎo**.

我**饿死了**。
Wǒ **èsǐ le**.

我这几天**疼得厉害**，去医院了。
Wǒ zhè jǐ tiān **téngde lìhai**, qù yīyuàn le.

你**咳嗽得真厉害**呀，吃点儿薄荷糖吧。
Nǐ **késoude zhēn lìhai** ya, chī diǎnr bòhétáng ba.

论质量，这个比那个**好多了**。
Lùn zhìliang, zhèige bǐ nèige **hǎoduō le**.

中国的人口比日本**多得多**。
Zhōngguó de rénkǒu bǐ Rìběn **duōde duō**.

7

▶程度補語② "得"

〔動詞/形容詞〕＋"得"＋動作/文
〜
〔程度補語〕
「〜なあまり…」「…なくらい〜」

🎧 Audio ▶ **07**

① あの店のラーメンは、毎日たくさんの人が**長い行列をつくるほどの
うまさ**です。

② 私は歯が**痛んで、一晩中眠れません**でした。

③ 彼女は**ショックのあまり泣き出し**ました。

④ 私は**忙しくてトイレに行く時間もありません**。

⑤ 今年の夏は**多くの人が熱中症で死ぬほど暑い**です。

⑥ 外は**凍えるほど寒い**です。

⑦ 監督は審判に**暴言を吐くほど激怒**しています。

⑧ 彼の技術は**プロ顔負けなほど上手**です。

②. "睡不着觉" は「寝付けない」という慣用表現。
④. ⑧. "连…都 / 也〜" は「…さえ〜」という慣用表現。

☆程度補語に「動作 / 文」の用いられた形式。

例: 吓+得+哭 起来 ······························· ③
　　動詞　　　動作

例: 疼+得+一个 晚上 睡不着觉 ·············· ②
　　形容詞　　　　　　文

那个店的拉面每天**馋得不少人排长队**。
Nèige diàn de lāmiàn měitiān **chánde bù shǎo rén pái chángduì.**

我牙**疼得一个晚上睡不着觉**。
Wǒ yá **téngde yí ge wǎnshang shuìbuzháo jiào.**

她**吓得哭起来**了。
Tā **xiàde kūqilai** le.

我**忙得连上洗手间的时间也没有**。
Wǒ **mángde lián shàng xǐshǒujiān de shíjiān yě méiyou.**

今年夏天**热得很多人中暑而死**。
Jīnnián xiàtiān **rède hěn duō rén zhòngshǔ ér sǐ.**

外面**冷得让人一直打寒噤**。
Wàimian **lěngde ràng rén yìzhí dǎ hánjìn.**

教练**气得直骂**裁判。
Jiàoliàn **qìde zhí mà** cáipàn.

他的技术**熟练得连行家都自愧不如**。
Tā de jìshù **shúliànde lián hángjia dōu zì kuì bù rú.**

8

▶可能補語① "不"

〔動詞〕 + "不" + 〜

V 〔可能補語〕

「V した結果〜できない」「〜な感じで V できない」

🎧 Audio ▶ 08

---

① 私はあなたの言いたいことが**分かりません**。

---

② 遠くて、**見えません**。

---

③ もう少し大きな声で言ってください。**聞こえません**。

---

④ 中華料理は**食べ慣れません**。

---

⑤ 服は汚れがひどく、**きれいになりません**。

---

⑥ 私の足はつって、**速く歩けません**。

---

⑦ スピーカーが壊れていて、ボリュームが**上がりません**。

---

⑧ これっぽっちの量では、私は**お腹いっぱいになりません**。

---

① . ④ . 可能補語表現が目的語といっしょに用いられる時、目的語は補語の
後ろに置かれます。(例. **"吃不惯中国菜"**)

文法 をおさえよう

☆可能補語は「動詞＋"不"」の後ろに置かれ、その結果「〜」と
いう状態に至ることができなかったことを表す語。

例： 听 + 不 + 懂 「聞いて＋分からない」 ·················· ①
　　 動詞　可能補語

※可能補語中の"不"は"bu"と軽声で読まれます。

我听不懂你这是什么意思。
Wǒ **tīngbudǒng** nǐ zhè shì shénme yìsi.

太远了，看不见。
Tài yuǎn le, **kànbujiàn**.

请大点儿声说，我听不见。
Qǐng dàdiǎnr shēng shuō, wǒ **tīngbujiàn**.

我吃不惯中国菜。
Wǒ **chībuguàn** Zhōngguócài.

衣服太脏了，洗不干净。
Yīfu tài zāng le, **xǐbugānjìng**.

我的腿抽筋了，走不快。
Wǒ de tuǐ chōujīn le, **zǒubukuài**.

音箱坏了，音量调不大。
Yīnxiāng huàile, yīnliàng **tiáobudà**.

这么点儿量，我吃不饱。
Zhème diǎnr liàng, wǒ **chībubǎo**.

②. **"看不见"**は「見えない」という意味の決まり文句。
③. **"听不见"**は「聞こえない」という意味の決まり文句。

▶可能補語② "不上／不下／不进"

〔動詞〕＋ "不" ＋ "上／下／进"

V 〔可能補語〕～

「V して～できない」「V できない」「～できない」

🎧 Audio ▶ **09**

① 私は肩こりがとてもひどくて、腕が**上がりません**。

② ここはすでに満員で、**座れません**。

③ 倉庫は天井がとても低くて、トラックは**入っていけません**。

④ スイカがとても大きいので、冷蔵庫に**入りません**。

⑤ 通行止めなので、この道は**通ることができません**。

⑥ 私は足をけがして、重いものが**運べません**。

⑦ ドアが壊れていて、**開けることができません**。

⑧ 私は眠くて、まぶたが**開きません**。

補足メモ

※中国語の場合、「どういう動作の結果できないのか」というように、動作の「結果」だけでなく、動作の「プロセス」も明示する特徴があります。
例）：⑦ **"打＋不开"**「開けるという動作のプロセス＋開かないという結果」
⇒「開けることができない」）

☆方向補語（"上"/"下"/"进"/"出"/"回"/"过"/"起"/"开"）
が可能補語として用いられた表現。

◎"起" ……… ⑯　　◎"下"………②④　　◎"进"………… ③

◎"过" …………⑤　　◎"开"………⑦⑧

我肩膀酸疼得太厉害，**抬不起**胳膊。
Wǒ jiānbǎng suānténgde tài lìhai, **táibuqǐ** gēbo.

这里已经满员，**坐不下**了。
Zhèili yǐjing mǎnyuán, **zuòbuxià** le.

仓库天棚太低，卡车**开不进去**。
Cāngkù tiānpéng tài dī, kǎchē **kāibujìnqu**.

西瓜太大，冰箱里**放不下**。
Xīguā tài dà, bīngxiāngli **fàngbuxià**.

由于禁止通行，这条路**穿不过去**。
Yóuyú jìnzhǐ tōngxíng, zhèi tiáo lù **chuānbuguòqu**.

我腿伤了，重的东西**搬不起来**。
Wǒ tuǐ shāngle, zhòng de dōngxi **bānbuqǐlai**.

门坏了，**打不开**。
Mén huàile, **dǎbukāi**.

我困了，眼皮**睁不开**。
Wǒ kùn le, yǎnpí **zhēngbukāi**.

---

10 ▶形容詞の重ね型

主語＋述語〔形容詞＋形容詞（"的"）〕。
S ～ ～
「S は～な感じである」

🎧 Audio ▶ 10

---

① 私の家は**ちっぽけな**村にあって、静かなところです。

---

② 彼女は**パッチリとした**目をして、本当に可愛いらしいです。

---

③ 私は水を入れるのが少なく、ご飯が**ごつごつした**炊き上がりになりました。

---

④ この通りはいつも**にぎやか**です。

---

⑤ あなた何言っているの。**ゆっくり**しゃべってよ。

---

⑥ 彼の部屋はいつも**きれいに**掃除されています。

---

⑦ 彼女は**きれいに**おめかししています。デートに行くようです。

---

⑧ テーブルに**分厚い**原稿が置いてあります。

補足メモ

③. ④. ⑥. ⑦. 重ね型が述語になる時、後ろには**"的"**のつけられることが多くあります。この**"的"**は描写性を高める用法となります。

☆形容詞の重ね型：強調や生き生きと描写する語感

（1）一音節（漢字一文字）の形容詞
 ① AA 型（例 "大"dà → "大大"dàdà ②）
 ② AA 型（例 "慢"màn → "慢慢儿"mànmānr ⑤）
 ※後ろの A は一声
（2）二音節（漢字二文字）の形容詞
 AABB 型（例 "干净"gānjìng → "干干净净"gānganjìngjìng ⑥）。

我家在一个**小小的**村庄里，是一个清静的地方。
Wǒ jiā zài yí ge **xiǎoxiǎo de** cūnzhuāngli, shì yí ge qīngjìng de dìfang.

她**大大的**眼睛，长得真可爱。
Tā **dàdà de** yǎnjing, zhǎngde zhēn kě'ài.

我水放少了，米饭煮得**硬硬的**。
Wǒ shuǐ fàngshǎo le, mǐfàn zhǔde **yìngyìng de**.

这条街总是**热热闹闹的**。
Zhèi tiáo jiē zǒngshì **rèrenàonào de**.

你在说什么呢？ **慢慢儿**说吧。
Nǐ zài shuō shénme ne? **Mànmānr** shuō ba.

他的房间总是打扫得**干干净净的**。
Tā de fángjiān zǒngshì dǎsǎode **gānganjìngjìng de**.

她打扮得**漂漂亮亮的**，好像要去约会。
Tā dǎbande **piàopiaoliàngliàng de**, hǎoxiàng yào qù yuēhuì.

桌子上放着**厚厚的**一摞稿子。
Zhuōzishang fàngzhe **hòuhòu de** yí luò gǎozi.

④．⑥．⑦．「AABB 型の読み方は最初と最後が一番強く、次に真ん中の B、そして真ん中の A が一番弱く読まれる。
⑧．**"摞"** は積み重なったものを数える量詞。

〔場所〕+〔動詞〕+ "着" +人 / 物。

<u>V</u>
<u>~</u>

「場所に〜が V している」

🎧 Audio ▶ **11**

---

① 壁に 1 枚の絵が掛かっ**ています**。

---

② 枝に小鳥が 1 羽止まっ**ています**。

---

③ 映画館では新作映画を上映し**ています**。

---

④ 私の家ではアヒルを 1 羽飼っ**ています**。

---

⑤ 彼の下あごには大きなほくろがあり**ます**。

---

⑥ 看板に「ゴミを捨てるな」という文字が書かれ**ています**。

---

⑦ テーブルには砂糖が置い**てあります**。

---

⑧ ベッドには病人が横になっ**ている**ので、声を少し小さくして。

---

⑤.「ほくろがついている」という意味の「つく」という動詞は、中国語で **"长"**
が用いられます。

☆存在文とは「ある場所に存在する人や物に注目させたいとき」に
用いる構文。12課の現象文と合わせて「存現文」と呼ばれる。

※存在文で用いられる「人／物」の部分は数量詞を用いることが多い。

························· 1 2 4 5 6

墙上挂**着**一幅画。
Qiángshang guà**zhe** yì fú huà.

树枝上停**着**一只小鸟。
Shùzhīshang tíng**zhe** yì zhī xiǎoniǎo.

电影院里放**着**新电影。
Diànyǐngyuànli fàng**zhe** xīn diànyǐng.

我家养**着**一只鸭子。
Wǒ jiā yǎng**zhe** yì zhī yāzi.

他的下巴上长**着**一个大黑痣。
Tā de xiàbashang zhǎng**zhe** yí ge dà hēizhì.

广告牌上写**着**几个字：不要扔垃圾。
Guǎnggàopáishang xiě**zhe** jǐ ge zì : Bú yào rēng lājī.

桌子上放**着**白糖。
Zhuōzishang fàng**zhe** báitáng.

床上躺**着**病人，小声点儿。
Chuángshang tǎng**zhe** bìngrén, xiǎoshēng diǎnr.

7. 日本語の「砂糖」は**"白糖"**が用いられます。中国語の**"糖"**は通常「キャンディ」
を表します。

8. 中国語の形容詞命令文は、**"形容詞＋(一)点儿"** の形が用いられます。

〔場所〕+〔動詞〕+ "了" +人／物。
V ～
「場所に～が V した／してきた」

🎧 Audio ▶ 12

① お母さん、玄関にお客さんが来**た**。

② ごめんなさい。遅くなりました。家でトラブルがありまし**た** もので。

③ 部屋に何匹かゴキブリが出**て**、私の娘が大声で叫びました。

④ 真夜中遠くから花火と爆竹の音が聞こえてきまし**た**。

⑤ 私はたまねぎを切っていて、目に涙があふれてきまし**た**。

⑥ 私は頭をぶつけて、頭にこぶができまし**た**。

⑦ 先月会社で社員が数人退職しまし**た**。

⑧ ハードトレーニングのおかげで、私のお腹は脂肪が少なくなりまし**た**。

補足メモ

③. **"大叫一声"** は「大声で叫ぶ」という慣用表現。
⑤. **"涌出眼泪"** は「涙があふれ出る」という慣用表現。

☆現象文とは「ある場所に出現、消失した人や物に注目させたいとき」に用いる構文。11課の存在文と合わせて「存現文」と呼ばれます。

※現象文で用いられる「人／物」の部分は数量詞を用いることが多い。

⋯⋯⋯⋯⋯⋯⋯⋯ ①②③⑤⑥⑦⑧

妈妈，门口来**了**一位客人。
Māma, ménkǒu lái**le** yí wèi kèren.

对不起，来晚了！家里发生**了**一些问题。
Duìbuqǐ, láiwǎnle! Jiāli fāshēng**le** yì xiē wèntí.

房间里出现**了**几只蟑螂，我女儿大叫了一声。
Fángjiānli chūxiàn**le** jǐ zhī zhāngláng, wǒ nǚ'ér dà jiàole yì shēng.

半夜远方传来**了**烟花爆竹的声音。
Bànyè yuǎnfāng chuánlái**le** yānhuā bàozhú de shēngyīn.

我切着洋葱，眼睛里涌出（来）**了**几滴眼泪。
Wǒ qiēzhe yángcōng, yǎnjingli yǒngchū(lai) **le** jǐ dī yǎnlèi.

我碰了头，头上长出**了**一个包。
Wǒ pèngle tóu, tóushang zhǎngchū**le** yí ge bāo.

上个月公司里退休**了**几个职员。
Shàng ge yuè gōngsīli tuìxiū**le** jǐ ge zhíyuán.

多亏刻苦训练，我肚子上少**了**一些脂肪。
duōkuī kèkǔ xùnliàn, wǒ dùzishang shǎo**le** yì xiē zhīfáng.

---

⑧."**少了～**"は「～が少なくなる」という慣用表現。

"是" + ___ 〜 ___ + "的"。
[時間 / 場所 / 手段]
「いつ/どこで/どうやって〜した（のだ）」

🎧 Audio ▶ 13

---

1 あなたはどうやってき**た**の。――新幹線で来まし**た**。

---

2 あなたはいつ到着し**た**の。――先週到着しまし**た**。

---

3 私は 2000 年ではなく、2010 年に卒業しまし**た**。

---

4 あなたはどこで中国語を学びまし**た**か。

---

5 あなたはどこで彼と知り合いになっ**た**の。

---

6 私は昨晩ケンタッキーフライドチキンを買って晩御飯にしまし**た**。

---

7 本当に不思議だ。彼はどうやってこの事を**知ったのだ**。

---

8 昨日はどうやって帰っ**たの**ですか。――山田さんが車で送ってくれまし**た**。

---

③. 否定文では **"是"** は省略できません。

☆ "**是～的**" 構文は、「既に発生した動作に対して［時間・場所・手段］など」に焦点を当てたいときに用いる表現。

※ "**是**" は焦点を当てたい成分の前に置かれる。なお "**是**" は省略可能。

※動詞が目的語をとるときは、「動詞＋"**的**"＋目的語」または
「動詞＋目的語＋"**的**"」の語順。……………… ③④⑤⑥⑦⑧

你 (**是**) 怎么来**的**? ── (**是**) 坐新干线来**的**。
Nǐ (**shì**) zěnme lái **de**?　　　　(**Shì**) zuò xīn'gànxiàn lái **de**.

你 (**是**) 什么时候到**的**? ── (**是**) 上个星期到**的**。
Nǐ (**shì**) shénme shíhou dào **de**?　　(**Shì**) shàng ge xīngqī dào **de**.

我不**是** 2000 年毕**的**业，**是** 2010 年毕**的**业。
Wǒ bú **shì** èr líng líng líng nián bì **de** yè, **shì** èr líng yī líng nián bì **de** yè.

你 (**是**) 在哪里学**的**汉语?
Nǐ (**shì**) zài nǎli xué **de** Hànyǔ?

你 (**是**) 在哪儿认识他**的**?
Nǐ (**shì**) zài nǎr rènshi tā **de**?

我昨晚 (**是**) 买肯德基鸡块当晚餐**的**。
Wǒ zuówǎn (**shì**) mǎi Kěndéjī jīkuài dàng wǎncān **de**.

真不可思议，他 (**是**) 怎么知道**的**这件事?
Zhēn bù kě sīyì, tā (**shì**) zěnme zhīdao **de** zhèi jiàn shì?

你昨天 (**是**) 怎么回家**的**?── (**是**) 山田开车送我**的**。
Nǐ zuótiān (**shì**) zěnme huíjiā **de**?　　(**shì**) Shāntián kāichē sòng wǒ **de**.

⑤. 目的語が代名詞の時 "動詞 **V** ＋目的語 **O** ＋**的**" 形式しか用いることができません　例）"**认识他的**"。"動詞 **V** ＋**的**＋目的語 **O**" 形式は用いることができません。
例）"*** 认识的他**"。

▶受身文 "被" "叫" "让"

"被" "叫" "让" + 人 / 物 + 行為。
~ ...

「〜に ・・・ される」

🎧 Audio ▶ **14**

---

① 今日私は遅刻して、先生に怒**られ**ました。

---

② 今日私は寝過ごして、お母さんに起こ**され**ました。

---

③ 昨日もう少しで車にひ**かれ**そうになりました。

---

④ 昨日李君の財布は盗**まれ**ました。

---

⑤ 私の家の屋根は台風で吹き飛ば**され**ました。

---

⑥ 私は彼に足を引っ掛け**られ**て、転びました。

---

⑦ スポーツ選手は口汚くののしり、審判に退場させ**られ**ました。

---

⑧ 私はごろつきに殴**られ**て、顔中はれ上がってしまいました。

補足メモ

②. **"叫醒"** は「目を覚まさせる」という慣用表現。
③. **"差一点儿〜"** は「もう少しで〜するところだった」という慣用表現。

☆ "被""叫""让"を用いた受身表現。

※受身文で"…"の部分は、通常裸の動詞が用いられることはない。動詞の後ろには"了"…1、補語…2 3 4 5 6 8、目的語…7などを伴う。

※ "被"を用いる場合は"…"の部分が省略できる。 …………4

今天我迟到，**被**老师批评了。
Jīntiān wǒ chídào, **bèi** lǎoshī pīpíngle.

今天我睡过头，**被**妈妈叫醒了。
Jīntiān wǒ shuìguòtóu, **bèi** māma jiàoxǐngle.

昨天差一点儿**被**车撞倒。
Zuótiān chà yìdiǎnr **bèi** chē zhuàngdǎo.

昨天小李的钱包**被**(人)偷走了。
Zuótiān Xiǎo Lǐ de qiánbāo **bèi** (rén) tōuzǒule.

我家的房顶**被**台风吹走了。
Wǒ jiā de fángdǐng **bèi** táifēng chuīzǒule.

我**叫**他绊了一下，摔了一跤。
Wǒ **jiào** tā bànle yí xià, shuāile yì jiāo.

运动员破口大骂，**让**裁判罚出场外。
Yùndòngyuán pò kǒu dà mà, **ràng** cáipàn fáchū chǎngwài.

我**让**流氓打得满脸都肿起来了。
Wǒ **ràng** liúmáng dǎde mǎn liǎn dōu zhǒngqilai le.

6. **"摔跤"** は「転ぶ」という意味の離合詞。

"把" + 〔名詞〕+〔動詞〕+補語
～ / V

「～を V する」

🎧 Audio ▶ 15

---

① 彼女は髪の毛**を茶色に染め**ました。

---

② 私が蹴ったボールは、体育館の窓**を壊して**しまいました。

---

③ 今回の試合で、私たちのチームは相手チーム**を打ち負かし**ました。

---

④ 遠回しに言わないで、話**をはっきり言い**なさい。

---

⑤ はっきり聞こえません。音**を上げて**ください。

---

⑥ 時間に余裕がないので、話**をもう少し手短に言って**ください。

---

⑦ 黒板の字**を消さ**ないように。

---

⑧ 皆さん、今から研究資料**を一通り纏め**始めてください。

補定メモ

⑥. **"说短点儿"** は「手短に言う」という慣用表現。
⑧. **"从** + 時間 (～)+ **开始"** は「～から」という意味の慣用表現。

☆ "把" 構文は、「ある特定の人や物に対してどういう処置や影響が与えられる（られた）か」を表す構文。

※ "把～" の後ろは裸の動詞を用いることはできない。動詞の後に結果補語、動量補語などを置く。

例：**把**+**头发**+**染**+**成** ･････････････････････1
　　　名詞　　動詞　結果補語

她**把**头发**染成咖啡色**了。
Tā **bǎ** tóufa **rǎnchéng kāfēisè** le.

我踢出的球**把**体育馆的窗户**打坏**了。
Wǒ tīchūde qiú **bǎ** tǐyùguǎn de chuānghu **dǎhuài** le.

这次比赛，我们队**把**对方**打败**了。
Zhèicì bǐsǎi, wǒmen duì **bǎ** duìfāng **dǎbài** le.

别绕圈子了，**把**话**说清楚**。
Bié rào quānzi le, **bǎ** huà **shuōqīngchu**.

听不清楚。**把**声音**放大一些**。
Tīngbuqīngchu, **bǎ** shēngyīn **fàngdà yì xiē**.

时间紧张，**把**话**说短点儿**。
Shíjiān jǐnzhāng, **bǎ** huà **shuōduǎn diǎnr**.

别**把**黑板上的字**擦掉**。
Bié **bǎ** hēibǎnshang de zì **cādiào**.

大家从现在开始**把**研究资料**总结一遍**。
Dàjiā cóng xiànzài kāishǐ **bǎ** yánjiū zīliào **zǒngjié yí biàn**.

16

▶ "把" 構文②

"把"+〔名詞〕+〔動詞〕+"在/到/成/给"
～　　　　　V　　　　　〔結果補語〕

「～を V する」

🎧 Audio ▶ **16**

---

① カバンを机の上に**置か**ないように。

---

② ゴミをここに**捨てる**な。

---

③ 机を隣の部屋に**運んで**ください。

---

④ 私はボールを相手ゴール前までドリブルで**運びました**。

---

⑤ 私は文章をフランス語に**訳しました**。

---

⑥ りんごを4つに**切って**。

---

⑦ ボールペンを**貸して**。

---

⑧ 醤油を**とって**。

---

①. **"把"** 構文が否定文で用いられる時、否定を表す語句は **"把"** の前に置かれます。動詞の前に置くことはできません。例)**"* 把书包别放在桌子上。"**

☆結果補語を用いた決まり慣用表現

① "把〜動詞V＋在＋(場所)"：「〜を場所に/へVする」………①②
② "把〜動詞V＋到＋(場所)"：「〜を場所に/へVする」………③④
③ "把〜動詞V＋成＋(結果状態)"：「〜を…へとVする」………⑤⑥
④ "把〜動詞V＋给＋(人)"：「〜を…にVする」…………………⑦⑧

別**把**书包**放在**桌子上。
Bié **bǎ** shūbāo **fàngzài** zhuōzishang.

別**把**垃圾**扔在**这里。
Bié **bǎ** lājī **rēngzài** zhèli.

请**把**桌子**搬到**旁边的房间。
Qǐng **bǎ** zhuōzi **bāndào** pángbiān de fángjiān.

我**把**球**运到**对方的球门前了。
Wǒ **bǎ** qiú **yùndào** duìfāng de qiúménqián le.

我**把**文章**翻译成**法语了。
Wǒ **bǎ** wénzhāng **fānyìchéng** Fǎyǔ le.

把苹果**切成**四块。
Bǎ píngguǒ **qiēchéng** sì kuài.

把圆珠笔**借给**我。
Bǎ yuánzhūbǐ **jiègěi** wǒ.

把酱油**递给**我。
Bǎ jiàngyóu **dìgěi** wǒ.

"把"+〔名詞〕+〔動詞〕+"上/下""来/去"
　　～　　　　V　　　　〔方向補語〕〔方向動詞〕
「～を V する」

🎧 Audio ▶ 17

① 窓を閉めて。

② 玩具をもとの場所に戻しなさい。

③ コップを持ってきて。

④ お客さまをお送りして。

⑤ 食料品を冷蔵庫に入れなさい、それらが腐らないように。

⑥ 私は予約したチケットを買ってきました。

⑦ 塩を回してください。

⑧ 暑いので、彼はワイシャツの袖をまくり上げました。

補足メモ　⑤. "～，省得…" は「…しないように～する」という意味の慣用表現。

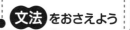

☆方向補語（"上"／"下"／"进"／"出"／"回"／"过"／"起"／"到"）
と方向動詞 "来" "去" を用いた場合。

① **"把**～動詞V＋〔方向補語〕"：「～をVする」 ⋯⋯⋯⋯⋯⋯ 1 2

② **"把**～動詞V＋**来** / **去**"：「～をVしてくる / いく」⋯⋯⋯⋯⋯ 3

③ **"把**～動詞V＋〔方向補語〕＋(⋯)＋**来** / **去**"
：「～を(⋯へ)Vしてくる / いく）」⋯⋯⋯⋯ 4 5 6 7 8

把窗户**关上**。
Bǎ chuānghu guānshang.

把玩具**放回**原来的地方。
Bǎ wánjù fànghui yuánlái de dìfang.

把杯子**拿来**。
Bǎ bēizi nálai.

把客人**送回去**。
Bǎ kèrén sònghuiqu.

把食品**放到**冰箱里**去**，省得它们腐烂。
Bǎ shípǐn fàngdao bīngxiāngli qù, shěngde tāmen fǔlàn.

我**把**预订的票**买回来**了。
Wǒ bǎ yùdìng de piào mǎihuilai le.

把盐**递过来**。
Bǎ yán dìguolai.

天热，他**把**衬衫袖子**挽起来**了。
Tiān rè, tā bǎ chènshān xiùzi wǎnqilai le.

"把"＋〔名詞〕＋〔動詞〕＋補語
～ V
「～を V する」

🎧 Audio ▶ 18

① 隠さないで、本当のこと**を話して**。

② 安全に気をつけて、車の**運転でスピードを出さ**ないで。

③ 自分**を安売りし**ないで、プライドを持ち続けなさい。

④ 傘の**忘れ**物がないようご注意ください。

⑤ ごめんなさい。この料理**を片付けて**ください。

⑥ 様子を見てくるので、荷物**を見ていて**ください。

⑦ 私たちが事のいきさつ**を説明いたします**。

⑧ くれぐれもこの事**を彼に言わ**ないように。

⑧. **"千万别～"** は「くれぐれも～するな」という意味の慣用表現。

☆ "把"構文のバリエーション。

① "把～＋動詞Ｖ＋得＋〔様態補語〕"
  :「～を…な感じでＶする。」‥‥‥‥‥‥‥‥‥②③

② "把～＋動詞Ｖ＋了 / 着"
  :「～をＶしてしまう / している。」‥‥‥‥ ④⑤⑥

③ "把～＋動詞Ｖ＋一下":「～をちょっとＶする。」‥‥‥⑦

④ "把～＋動詞Ｖ＋目的語Ｏ〔人〕":「～を人にＶする」‥⑧

別隐瞒了，**把**实话**说出来**。
Bié yǐnmán le, **bǎ** shíhuà **shuōchulai**.

注意安全，别**把**车**开得太快**。
Zhùyì ānquán, bié **bǎ** chē **kāide tài kuài**.

不要**把**自己**卖得太便宜**，要保持自尊心。
Bú yào **bǎ** zìjǐ **màide tài piányi**, yào bǎochí zìzūnxīn.

注意，别**把**雨伞**忘**了。
Zhùyì, bié **bǎ** yǔsǎn **wàng**le.

对不起，**把**这个菜**撤**了。
Duìbuqǐ, **bǎ** zhèige cài **chè**le.

我去看一下情况，你**把**行李**看着**。
Wǒ qù kàn yí xià qíngkuàng, nǐ **bǎ** xíngli **kānzhe**.

我们**把**事情的经过**解释一下**。
Wǒmen **bǎ** shìqing de jīngguò **jiěshì yíxià**.

你千万别**把**这件事**告诉他**。
Nǐ qiānwàn bié **bǎ** zhèi jiàn shì **gàosu tā**.

19

主語 + "〜地" + 述語
S　〔連用修飾語〕　　V
「S は〜な感じで V する」

 Audio ▶ 19

---

① 彼は**一生懸命**勉強しています。

---

② 怠けないで、**まじめに**勉強しなさい。

---

③ 彼は**嬉しそうに**やってきた。

---

④ 彼は**悲しそうに**あの事故を語りだした。

---

⑤ 泥棒は**抜き足差し足**で家に忍び込んできました。

---

⑥ お母さんは**かんかんになって**子供をしかっています。

---

⑦ ここ数日雨が**ひっきりなしに**降っています。

---

⑧ 私は上司に**事細かに**状況を報告しました。

補足メモ

③. **"走过来"** は「やってくる」という慣用表現。
⑦. **"不停地〜"** は「ひっきりなしに〜する」という慣用表現。

☆ "～地" を使った連用修飾表現

※ "～" には様々な成分が用いられる。

①形容詞 ……………………………… ①④⑥
②形容詞の重ね型 ………………… ②③⑧
③動作 ……………………………… ⑦
④慣用句 …………………………… ⑤

他在**努力地**学习。
Tā zài **nǔlì de** xuéxí.

别偷懒，要**认认真真地**学习。
Bié tōulǎn, yào **rènrenzhēnzhēn de** xuéxí.

他**高高兴兴地**走了过来。
Tā **gāogaoxìngxìng de** zǒule guòlai.

他**悲伤地**谈起那次事故。
Tā **bēishāng de** tánqǐ nèicì shìgù.

小偷**偷偷摸摸地**溜进家里来了。
Xiǎotōu **tōutoumōmō de** liūjìn jiāli lái le.

妈妈**气愤地**骂孩子。
Māma **qìfèn de** mà háizi.

这几天雨**不停地**下。
Zhè jǐ tiān yǔ **bù tíng de** xià.

我向上级**详详细细地**汇报了情况。
Wǒ xiàng shàngjí **xiángxiangxìxì de** huìbào le qíngkuàng.

Part

2

補語のバリエーションを
増やそう

〔動詞〕+ "到 / 着" + 目的語
V 〔結果補語〕 O
「O まで V する」「O を V する」

🎧 Audio ▶ 20

---

① 昨日会議は真夜中**まで**ずっと開かれました。

---

② 私たち二人は夜明け**まで**語り明かしました。

---

③ 二人の関係はお互い口を利かない程度**まで**仲が悪化しています。

---

④ チケットは買**え**ましたか。——買**え**ました。

---

⑤ 私は今**まで**忙しくしていて、やっと食事にありつきました。

---

⑥ 私の財布はどこ**に**行ったのやら。長い間探してもまだ見つかりません。

---

⑦ ここ数日蒸し暑くて、寝**付け**ません。

---

⑧ 迷子の子供は見つ**かり**ましたか。——まだ見**つかっ**ていません。

---

⑤. **"吃上饭"** は「食事にありつく」という慣用表現。
⑥. **"跑到哪里去了"** は「どこに行ったの」という慣用表現。

☆結果補語 "到" の派生用法

①動詞V＋"到"＋[時間]：「〜までVする。」 ………… 1 2 5

②動詞V＋"到"＋[程度]：「〜までVする。」 …………… 3

③動詞V＋"到"＋[目標物]：「〜を…しあてる。」 ……… 4 6

☆結果補語 "着" の派生用法 …………………………… 7 8

◎動詞V＋"着"＋[予期状態]：「Vした結果〜に達する。」

昨天开会一直开**到**深夜。
Zuótiān kāihuì yìzhí kāi**dào** shēnyè.

我们俩谈**到**了天亮。
Wǒmen liǎ tán**dào**le tiānliàng.

两个人的关系坏**到**互不说话的程度。
Liǎng ge rén de guānxi huài**dào** hù bù shuō huà de chéngdù.

票买**到**了吗？ ——买**到**了。
Piào mǎi**dào**le ma?　　　Mǎi**dào**le.

我忙**到**现在，才吃上饭。
Wǒ máng**dào** xiànzài, cái chīshang fàn.

我的钱包跑**到**哪里去了，找了半天还没找**到**。
Wǒ de qiánbāo pǎo**dào** nǎli qùle, zhǎole bàntiān hái méi zhǎo**dào**.

这几天闷热，睡不**着**觉。
Zhè jǐ tiān mēnrè, shuìbu**zháo** jiào

迷路的孩子找**着**了吗？ ——还没找**着**。
Mílù de háizi zhǎo**zháo**le ma?　　　Hái méi zhǎo**zháo**.

〔動詞〕+ "好／完" (+目的語)
V 〔結果補語〕 O
「(O を) V し終わる」

🎧 Audio ▶ 21

① 資料がこんなに多くては、読み**終わり**ません。

② 私は毎日、夕食を食べ**終わったら**風呂に入ります。

③ 私は宿題をやり**終えました**。

④ 今日は定刻に仕事が**終わら**なければ、残業します。

⑤ 準備**できま**したか。忘れ物のないようにしてください。

⑥ **しっかり**持ってください。次はなくさないように。

⑦ スケジュールが過密なので、時間が**うまく**調整できません。

⑧ 結果がどうなるか**うまく**言えません。

補足メモ

②. "動詞 **V**＋ **完** ＋ **再～**"は「V し終わって～する」という慣用表現。
⑥. **"別丢了"** は「なくすな」という慣用表現。

☆結果補語 "好" の派生用法

①動詞V＋**"好"**＋[物/事]：「～を V し終わる / し終える。」……45

②動詞V＋**"好"**＋[物/事]：「～をしっかり / うまく V する。」

................678

☆結果補語 "完" の派生用法

◎動詞V＋**"完"**＋[物/事]：「～を V し終わる/し終える。」……123

資料这么多，看不**完**。
Zīliào zhème duō, kànbu**wán**.

我每天吃**完**晚饭再去洗澡。
Wǒ měitiān chī**wán** wǎnfàn zài qù xǐzǎo.

我做**完**作业了。
Wǒ zuò**wán** zuòyè le.

今天如果不能准时做**好**工作，就加班。
Jīntiān rúguǒ bùnéng zhǔnshí zuò**hǎo** gōngzuò, jiù jiābān.

准备**好**了吗？ 别忘带东西了。
Zhǔnbèi**hǎo** le ma? Bié wàng dài dōngxi le.

你拿**好**，下次别丢了。
Nǐ ná**hǎo**, xiàcì bié diūle.

日程排得很紧，时间很难调整**好**。
Rìchéng páide hěn jǐn, shíjiān hěn nán tiáozhěng**hǎo**.

说不**好**结果会怎么样。
Shuōbu**hǎo** jiéguǒ huì zěnmeyàng.

8. **"说不好"** は「はっきり言えない」という慣用表現。

〔動詞〕+ "住 / 掉 / 动" (+ 目的語)
V 〔結果補語〕 O
「(Oを) しっかり V する」「(Oを) V してしまう」

🎧 Audio ▶ 22

① **立ち止まれ**。逃げるな。

② もう大丈夫。しっかり私の手に**捕まって**。

③ 私の電話番号、皆さん**覚えました**か。

④ もう古くなったので、**捨て**よう。

⑤ このワイシャツは、汚れがとても頑固で**洗い落とせません**。

⑥ あなたのその癖は、早く**改める**べきだよ。

⑦ 私は足腰が痛み**歩けなくなりました**。

⑧ こんな重い小包、私一人では**持てません**。

補足メモ

②. **"紧紧地～"** は「しっかり～する」という慣用表現。
③. **"记住"** は「しっかり記憶する」という慣用表現。

☆結果補語 **"住"** の派生用法
　◎動詞V＋**"住"**＋[物/事]：「〜をしっかり V する。」………… [1][2][3]

☆結果補語 **"掉"** の派生用法
　◎動詞V＋**"掉"**＋[物/事]：「〜を V して取り除く。」………… [4][5][6]

☆結果補語 **"动"** の派生用法　　※通常 **"V不动"** の形。
　◎ **"V不动"**：「V しようとして動かない / 動けない。」………… [7][8]

站住! 别跑。
Zhànzhu! Bié pǎo.

已经没事儿了，紧紧地抓住我的手。
Yǐjīng méishìrle, jǐnjǐn de **zhuāzhù** wǒ de shǒu.

我的电话号码，大家都记住了吗?
Wǒ de diànhuàhàomǎ, dàjiā dōu **jìzhù** le ma?

都旧了，扔掉吧。
Dōu jiù le, **rēngdiào** ba.

这件衬衫污垢太顽固了，洗不掉。
Zhèi jiàn chènshān wūgòu tài wángù le, **xǐbudiào**.

你这个老毛病，应该早点儿改掉。
Nǐ zhèige lǎomáobìng, yīnggāi zǎodiǎnr **gǎidiào**.

我腰酸腿疼，走不动了。
Wǒ yāo suān tuǐ téng, **zǒubudòng** le.

这么重的包裹我一个人搬不动。
Zhème zhòng de bāoguǒ wǒ yí ge rén **bānbudòng**.

---

[7]. **"腰酸腿疼"** は「足腰がぼろぼろだ」という慣用表現。

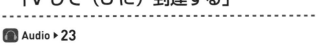

〔動詞〕＋"上"（＋目的語）
　　V　　　〔方向補語〕　　O
「V して（O に）到達する」

🎧 Audio ▶ **23**

---

① 今出発しても、彼には**追いつけない**よう。

---

② 早く行きなさい。今ならまだ**間に合います**。

---

③ 私のレベルは彼と**比べものになりません**。

---

④ 私は何度も受験して、やっと大学に**合格しました**。

---

⑤ 私はこの時になってやっと食事に**ありつきました**。

---

⑥ ドアを**閉めてください**。

---

⑦ この服は小さすぎて、**着れません**。

---

⑧ 父は机の上のトーストをとり、ジャムを**塗りました**。

補足メモ

②. **"～的话"**は「～ならば」という慣用表現。
③. **"比不上～"**は「～と比べものにならない」という慣用表現。

文法 をおさえよう

☆方向補語 "上" の派生用法。

①動詞V + "上" + [人/物]:「V して〜に追いつく」 ……… ①②③
②動詞V + "上" + [目標物]:「V して〜を獲得する。」 ……… ④⑤
③動詞V + "上" + [人/物]:「〜をぴったり V する。」 ……… ⑥⑦
④動詞V + "上" + [付着物]:「V して〜がぴったりくっつく。」 ⑧

现在出发，也**追不上**他了。
Xiànzài chūfā, yě **zhuībushàng** tā le.

快点儿去，现在的话还**赶得上**。
Kuài diǎnr qù, xiànzài de huà hái **gǎndeshàng**.

我的水平**比不上**他。
Wǒ de shuǐpíng **bǐbushàng** tā.

我考了好几次，才**考上**大学。
Wǒ kǎole hǎo jǐcì, cái **kǎoshang** dàxué.

我到这个时候才**吃上**了一口饭。
Wǒ dào zhèige shíhou cái **chīshang**le yì kǒu fàn.

把门**关上**。
Bǎ mén **guānshang**.

这件衣服太小，**穿不上**。
Zhèi jiàn yīfu tài xiǎo, **chuānbushàng**.

爸爸拿起桌上的吐司，**抹上**了果酱。
Bàba náqǐ zhuōshang de tǔsī, **mǒshang**le guǒjiàng.

▶方向補語の派生用法 "下"

〔動詞〕+ "下"（+ 目的語）
V　　　〔方向補語〕　　　O
「V して（O を）しっかり留める」

🎧 Audio ▶ **24**

---

① あなたの住所をわたしに**残して**くれませんか。

---

② この体験は私に深い印象を**残しました**。

---

③ 部屋では上着を**脱いで**ください。

---

④ 彼は枝からいくつか柿を**もぎました**。

---

⑤ この会場は 100 名しか**収容**できません。

---

⑥ このスーツケースは多くのものを**収納**できます。

---

⑦ 誰かが私を呼んだようなので、私は歩みを**止めて**後ろを見ました。

---

⑧ この事を聞くと、私は本当に**安心できません**。

---

②. **"给 + 人 + 留下深刻的印象"**は「人に深い印象を残す」という慣用表現。
⑧. **"放心不下"**は「安心できない」という慣用表現。

☆方向補語 "下" の派生用法。

①動詞V＋"下"＋[物]：「Vして～を留める。」‥‥‥‥‥‥‥‥‥ 1 2

②動詞V＋"下"＋[物]：「Vして～を分離させる。」‥‥‥‥‥‥ 3 4

③動詞V＋"下"＋[数量]：「Vして～を収納する。」‥‥‥‥‥‥ 5 6

④動詞V＋"下"＋[物]：「Vして～を安定させる／～が安定する。」
‥‥‥‥‥‥‥‥‥‥‥‥‥‥‥‥‥‥ 7 8

能不能给我**留下**您的地址?
Néng bu néng gěi wǒ **liúxia** nín de dìzhǐ?

这个体验给我**留下**了深刻的印象。
Zhèige tǐyàn gěi wǒ **liúxia**le shēnkè de yìnxiàng.

在屋子里请您**脱下**上衣。
Zài wūzili qǐng nín **tuōxia** shàngyī.

他从树枝上**摘下**了几个柿子。
Tā cóng shùzhīshang **zhāixia**le jǐ ge shìzi.

这个会场只能**容下** 100 人。
Zhèige huìchǎng zhǐ néng **róngxia** yìbǎi rén.

这个行李箱可以**装下**很多东西。
Zhèige xínglixiāng kěyǐ **zhuāngxia** hěn duō dōngxi.

好像谁在叫我，我**停下**脚步往后看了一下。
Hǎoxiàng shéi zài jiào wǒ, wǒ **tíngxia** jiǎobù wǎng hòu kànle yíxià.

听了这件事，我真**放心不下**。
Tīngle zhèi jiàn shì, wǒ zhēn **fàngxīnbuxià**.

〔動詞〕＋ "出"（＋目的語）

<u>V</u>　〔方向補語〕　　O

「V して（O が）分かるようになる」

🎧 Audio ▶ 25

---

① 私はしばらく考えて、ついに彼の意図が**分かりました**。

---

② いくら見ても、彼が誰だか**分かりません**。

---

③ 彼は答えが**思いつかず**、やきもきしています。

---

④ 私たちの大学はこれまで多くの優秀な人材を**輩出しています**。

---

⑤ 彼は今大会でずばぬけた成績を**あげました**。

---

⑥ この事に関して、私はまったくよい考えが**浮かびません**。

---

⑦ 仕事がきて、彼はうんざりした顔をしています。

---

⑧ 試合に負ける度に、監督はいつもぼやいています。

補足メモ

②. "**再怎么**＋動詞 V＋**也**～" は「いくら V しても～」という慣用表現。
⑥. "**关于**～，**S**…" は「～に関して、S は…」という慣用表現。

88

☆方向補語 "出" の派生用法

①動詞Ｖ＋ "出" ＋[物/事]：「Ｖして〜が分かるようになる」 … ①②
②動詞Ｖ＋ "出" ＋[人/物]：「Ｖして〜が生み出される。」 ③④⑤⑥
③動詞Ｖ＋ "出" ＋[物]：「Ｖして〜を表に出す。」 ⑦⑧

我想了一会儿，终于**猜出**了他的意思。
Wǒ xiǎngle yíhuìr, zhōngyú **cāichū**le tā de yìsi.

再怎么看也**看不出**他是谁。
Zài zěnme kàn yě **kànbuchū** tā shì shéi.

他**想不出**答案，心里很着急。
Tā **xiǎngbuchū** dá'àn, xīnli hěn zháojí.

我们大学曾**培养出**众多优秀人才。
Wǒmen dàxué céng **péiyǎngchū** zhòngduō yōuxiù réncái.

他在这次大赛中**创造出**了优异成绩。
Tā zài zhèicì dàsàizhōng **chuàngzàochū** le yōuyì chéngjì.

关于这件事，我实在是**想不出**好办法。
Guānyú zhèi jiàn shì, wǒ shízài shì **xiǎngbuchū** hǎo bànfǎ.

工作来了，他脸上**显出**一番厌烦的表情。
Gōngzuò láile, tā liǎnshang **xiǎnchū** yì fān yànfán de biǎoqíng.

每到比赛输了，教练都会**发出**一些牢骚。
Měi dào bǐsài shūle, jiàoliàn dōu huì **fāchū** yì xiē láosao.

〔動詞〕+ "过" (+ 目的語)
V 〔方向補語〕 O
「V して（O の）向きを変える」

🎧 Audio ▶ 26

---

① 彼は**振り向いて**、私にあいさつをしました。

---

② 彼女はそっぽを**向いて**、黙り込んでしまいました。

---

③ 私は電車で居眠りして駅を**乗り過ごして**しまいました。

---

④ 私は昨日酒を**飲みすぎて**しまいました。

---

⑤ 実力では、私はまったく彼に**敵いません**。

---

⑥ 彼は口達者で、誰も彼を**言い負かすことができません**。

---

⑦ 今回の件はきっと上司に**隠し通せない**よ。やはり正直に言った方がいい。

---

⑧ これっぽっちのお金じゃ、今月の生活は**しのげないな**。

補足メモ

②. **"沉默不语"** は「黙り込む」という慣用表現。
⑦. **"肯定会〜"** は「きっと〜」という慣用表現。

☆方向補語 "过" の派生用法

①動詞V＋"过"＋[物]：「Vして～の向きを変える。」………… ①②

②動詞V＋"过"＋[基準点/目標点]：「Vして～を越える。」…… ③④

③動詞V＋"过"＋[人/物]：「Vして～のレベルに匹敵する。」 ⑤⑥

④動詞V＋"过"＋[物]：「Vして～をやりすごす。」…………… ⑦⑧

他**回过**头，向我打了个招呼。
Tā **huíguò** tóu, xiàng wǒ dǎle ge zhāohu.

她**转过**脸去，沉默不语了。
Tā **zhuǎnguò** liǎn qù, chénmò bù yǔ le.

我在车上睡觉**睡过**了站。
Wǒ zài chēshang shuìjiào **shuìguò**le zhàn.

我昨天喝酒**喝过**了量。
Wǒ zuótiān hē jiǔ **hēguò** le liàng.

凭实力来说，我根本**比不过**他。
Píng shílì lái shuō, wǒ gēnběn **bǐbuguò** tā.

他嘴太甜了，谁都**说不过**他。
Tā zuǐ tài tián le, shéi dōu **shuōbuguò** tā.

这件事肯定会**瞒不过**上级的，还是老实说吧。
Zhèi jiàn shì kěndìng huì **mánbuguò** shàngjí de, háishi lǎoshi shuō ba.

只有这点儿钱，**维持不过**这个月的生活。
Zhǐ yǒu zhèi diǎnr qián, **wéichíbuguò** zhèige yuè de shēnghuó.

---

⑦. **"老实说"** は「正直に話す」という慣用表現。

〔動詞〕＋ "起"（＋目的語）

V 〔方向補語〕 O

「V の範囲が（O）に及ぶ」

🎧 Audio ▶ 27

① 今日の会議で、上司はまた前回のクレームの問題に**触れました**。

② 講演が終わった後、会場は拍手が**鳴り響きました**。

③ この写真を見て、私は昔のことが**思い出されました**。

④ どこから**話し始め**たらいいでしょうかね。

⑤ こんなに高いのでは、私は**買えません**。

⑥ これっぽっちのお金では、一家を**養うことはできません**。

⑦ こんな重い責任、私は**負えません**。

⑧ 彼はずっと私を**馬鹿にして**、本当にむかつく。

> **補足メモ**
> ①. **"提起～"** は「～の話題に触れる」という意味の慣用表現。
> ②. **"陣"** は一定時間続く動作を数える量詞。

☆方向補語 "起" の派生用法

① 動詞V＋"起"＋［物/事］：「Vの範囲が〜に及ぶ。」 ……………① ④
② 動詞V＋"起"＋［物］：：「Vして〜が湧き上がる。」 ………② ③
③ "V 不起"：「お金の問題で〜できない。」 …………………… ⑤ ⑥
④ "V 不起"：「力量不足〜できない。」 …………………………… ⑦
⑤ "看不起"：「馬鹿にする」 ………………………………………… ⑧

今天的会上，上级又**提起**上次的索赔问题。
Jīntiān de huìshang, shàngjí yòu **tíqi** shàngcì de suǒpéi wèntí.

演讲结束后，会场里**响起**了一阵掌声。
Yǎnjiǎng jiéshù hòu, huìchǎngli **xiǎngqi**le yí zhèn zhǎngshēng.

看到这张照片，我**想起**了一桩往事。
Kàndào zhèi zhāng zhàopiàn, wǒ **xiǎngqi**le yì zhuāng wǎngshì.

该从哪里**说起**好呢。
Gāi cóng nǎli **shuōqi** hǎo ne.

这么贵的话，我**买不起**。
Zhème guì de huà, wǒ **mǎibuqǐ**.

这么一点钱，**养不起**全家。
Zhème yì diǎn qián, **yǎngbuqǐ** quánjiā.

这么重的责任，我**负不起**。
Zhème zhòng de zérèn, wǒ **fùbuqǐ**.

他一直**看不起**我，真讨厌。
Tā yìzhí **kànbuqǐ** wǒ, zhēn tǎoyàn.

28

▶方向補語の派生用法 "上(…)来""上(…)去"

〔動詞〕＋ "上" ＋ "来 / 去"
V 〔方向補語〕〔方向動詞〕
「V して近づいてくる」「V して近づいていく」

🎧 Audio ▶ 28

---

① 彼の名前、あなたはまだ**覚えていますか**。

---

② 公演が終わった後、観客が**押し寄せてきました**。

---

③ 選手たちが空港に着くと、大勢のファンが**出迎えに来ました**。

---

④ トイレットペーパーが切れたので、いくつか**補充して**ください。

---

⑤ この件は、私には**答えられません**。

---

⑥ この歌を、あなたは**歌えますか**。

---

⑦ 私は友だちが見えたので、**歩み寄っていきました**。

---

⑧ 民衆の意見を上に**報告し**なさい。

---

①. "还＋動詞 V＋得上来吗？" は「V する能力がありますか」という意味の慣用表現。
③. ⑦. "一～就…" は「～するとすぐに…」という慣用表現。

補足メモ

文法 をおさえよう

☆方向補語 "上来" "上去" の派生用法

①動詞V + "上来"：「～して近づいてくる。」..................... ②③
②動詞V + "上来"：「～して補充する / 補充される。」........... ④
③動詞V + "上来"：「～する能力がある。」..................... ①⑤⑥
　※動詞は "说" "唱" "回答" など限られたものを用いる。
④動詞V + "上去"：「～して近づいていく。」..................... ⑦⑧

他的名字，你还**叫得上来**吗？
Tā de míngzi, nǐ hái **jiào de shanglai** ma?

演出结束后，**涌上来**一群观众。
Yǎnchū jiéshù hòu, **yǒngshanglai** yì qún guānzhòng.

选手一到机场，一大群粉丝就都**迎上来**。
Xuǎnshǒu yí dào jīchǎng, yí dà qún fěnsī jiù dōu **yíngshanglai**.

卫生纸没了，请**补上来**几个。
Wèishēngzhǐ méi le, qǐng **bǔshanglai** jǐ ge.

这件事，我**回答不上来**。
Zhèi jiàn shì, wǒ **huídábushànglai**.

这首歌，你能**唱上来**吗？
Zhèi shǒu gē, nǐ néng **chàngshanglai** ma?

我一看见朋友，就**走了上去**。
Wǒ yí kànjiàn péngyou, jiù **zǒule shangqu**.

应该把民众的意见**反映上去**。
Yīnggāi bǎ mínzhòng de yìjiàn **fǎnyìngshangqu**.

29

〔動詞〕+ "下" + "来"
V　〔方向補語〕〔方向動詞〕
「V して取り去る」

🎧 Audio ▶ 29

① 教室では帽子を**脱いで**ください。

② 家に入ったら靴を**脱ぎなさい**。

③ 今から言うことをすべて**メモしてください**。

④ 文章がとても長くて、私は**暗記できません**。

⑤ 行きすぎです。車を**停めてください**。

⑥ 苦しい日々をみんな**頑張り続けてきました**。

⑦ この図書館には、多くの貴重な資料が**保存されてきました**。

⑧ 彼女は３カ月ダイエットをしたので、かなり脂肪が**減りました**。

補足メモ

③. "记" が「記録する」という場合、補語は **"下来"** が多く用いられます。
例）**"记住"**（記憶する）、**"记下来"**（メモする）

☆方向補語 "下来" の派生用法

①動詞V＋"下来"：「Vして（全体から）パーツを外す。」 ………… 1️⃣2️⃣
②動詞V＋"下来"：「Vしてしっかり残す。」 ………………………… 3️⃣4️⃣
③動詞V＋"下来"：「揺るがないくらいにVする。」 ………………… 5️⃣6️⃣
④動詞V＋"下来"：「Vした状態を保つ。」 ………………………… 7️⃣
⑤動詞V＋"下来"：「Vして勢いや際立ちを失う。」 ………………… 8️⃣

※ Vの部分は "低" "暗" "慢" "減少" など目立たない意味を表す動詞や
形容詞が用いられる。

在教室里请把帽子**摘下来**。
Zài jiàoshìli qǐng bǎ màozi **zhāixialai**.

进了屋子把鞋**脱下来**。
Jìnle wūzi bǎ xié **tuōxialai**.

把现在说的话都要**记下来**！
Bǎ xiànzài shuō de huà dōu yào **jìxialai**!

文章太长了，我**背不下来**。
Wénzhāng tài cháng le, wǒ **bèibuxiàlai**.

走过头了，把车**停下来**。
Zǒuguòtóu le, bǎ chē **tíngxialai**.

困难的日子大家都**坚持下来**了。
Kùnnan de rìzi dàjiā dōu **jiānchíxialai** le.

这个图书馆**保存下来**很多珍贵资料。
Zhèige túshūguǎn **bǎocúnxialai** hěn duō zhēnguì zīliào.

她减肥减了三个月，**减下来**了不少。
Tā jiǎnféi jiǎnle sān ge yuè, **jiǎnxialai**le bù shǎo.

30

〔形容詞〕+ "下" + "来 / 去"
〔方向補語〕〔方向動詞〕
「〜の状態になる」「〜し続ける」

🎧 Audio ▶ 30

① 午後になり、空がだんだん**暗くなってきました**。

---

② 彼の一言で、会場は**静まりかえりました**。

---

③ 彼の話し声もだんだん**トーンが落ちてきました**。

---

④ こういった薬はないので、彼の病気は**悪化し続ける**でしょう。

---

⑤ 事実を前に、彼の態度は**弱腰になりました**。

---

⑥ こんなに**だらけていたら**、よい結果にはならないよ。

---

⑦ 彼はトレーニングを頑張ったので、最近めっきり**痩せてきました**。

---

⑧ 人をからかうんじゃない。私はまったくもって**我慢の限界だ**。

---

②. **"S1 +使+ S2 +〜"** は「S1 が原因で S2 は〜した」という因果関係
を表す場合に多く用いられます。

文法 をおさえよう

☆方向補語 "下来" "下去" の派生用法

①動詞／形容詞＋**"下来"**：「〜な状態となり勢いや際立ちを失う。」
·························· ①②③⑤⑦

②形容詞＋**"下去"**：「〜し続ける。」 ·························· ④⑥⑧

到了下午，天渐渐**暗了下来**。
Dàole xiàwǔ, tiān jiànjiàn **ànlexialai**.

他一句话使会场一下子**安静了下来**。
Tā yí jù huà shǐ huìchǎng yíxiàzi **ānjìnglexialai**.

他说话的声音也渐渐**低了下来**。
Tā shuō huà de shēngyīn yě jiànjiàn **dīlexialai**.

没有这种药，他的病可能会**坏下去**。
Méi yǒu zhèi zhǒng yào, tā de bìng kěnéng huì **huàixiaqu**.

在事实面前，他的态度**软了下来**。
Zài shìshí miànqián, tā de tàidù **ruǎnlexialai**.

这样**松懈下去**，不会有好结果的。
Zhèiyàng **sōngxièxiaqu**, bú huì yǒu hǎo jiéguǒ de.

他坚持锻炼，最近明显**瘦了下来**。
Tā jiānchí duànliàn, zuìjìn míngxiǎn **shòulexialai**.

别耍弄人了，我实在**忍不下去**了。
Bié shuǎnòng rén le, wǒ shízài **rěnbuxiàqu** le.

⑤. **"在〜面前，…"**「〜を前にして…」という慣用表現。
⑥. **"会〜的"** は「〜するだろう」という慣用表現。

〔動詞〕＋ "出" ＋ "来"
V 　　　〔方向補語〕〔方向動詞〕
「V して理解する」「V して作り出す」

🎧 Audio ▶ **31**

① ごめんなさい、私にはあなたの真意が**分かりかねます**。

② これは何のお茶ですか、**飲んで分かります**か。

③ 答えがあなたには**分かります**か。

④ ごめんなさい、私はあなたの質問に**うまく答えられません**。

⑤ あなたはどれが本物か**分かります**か。

⑥ 私はどう考えてもよい考えが**浮かびません**。

⑦ こうしていくと、理想的な成果を**あげることはできない**よ。

⑧ 教育方法がこれでは、どうして優秀な人材が**育成**できようか。

② ."～得…"（例. **"喝得出来"**）は「～して…できる」という意味の可能
補語の肯定形式です。平叙文ではあまり用いられることがありません。

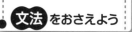

文法 をおさえよう

☆方向補語 "出来" の派生用法

①動詞V＋"出(…)来"：「V して(…を)理解する/わかる。」
　　　　　　　　　　　　　　　　　　　… ①②③④⑤

②動詞V＋"出(…)来"：「V して(…を)作り出す。」… ⑥⑦⑧

对不起，我**听不出**你的意思**来**。
Duìbuqǐ, wǒ **tīngbuchū** nǐ de yìsi **lái**.

这是什么茶，你**喝得出来**吗？
Zhè shì shénme chá, nǐ **hēdechulai** ma?

答案，你能**猜出来**吗？
Dá'àn, nǐ néng **cāichulai** ma?

对不起，我**回答不出**你的问题**来**。
Duìbuqǐ, wǒ **huídábuchū** nǐ de wèntí **lái**.

你**看得出来**哪是真的吗？
Nǐ **kàndechulai** nǎ shì zhēn de ma?

我怎么想也**想不出**好办法**来**。
Wǒ zěnme xiǎng yě **xiǎngbuchū** hǎo bànfǎ **lái**.

这样下去，**做不出**理想的结果**来**呀！
Zhèiyàng xiaqu, **zuòbuchū** lǐxiǎng de jiéguǒ **lái** ya!

教育方法如此，怎么能**培养出**优秀的人才**来**呢？
Jiàoyù fāngfǎ rúcǐ, zěnme néng **péiyǎngchū** yōuxiù de réncái **lái** ne?

---

⑤. 文が目的語の時は、目的語は**"来"**の後に置かれます。例）目的語(**"哪是真的"**)。

〔動詞〕＋ "过" ＋ "来"
V 　〔方向補語〕〔方向動詞〕
「V してこちら側に向きを変える」

🎧 Audio ▶ **32**

---

① 彼は**振り向いて**、私をちらっと見ました。

---

② 順番を**変えては**いかがでしょうか。

---

③ あなたの服、逆だよ、**ひっくり返し**なさいよ。

---

④ 行きすぎです。すぐに **U ターンして**ください。

---

⑤ ギャンブル好きは彼の病気だ。絶対**治らない**。

---

⑥ 彼は卒倒した後、ずっと**目を覚ましません**。

---

⑦ 私は電車に駆け込むと、しばらく**息が元に戻りませんでした**。

---

⑧ ここ数日、私はまったく**忙しくて手が回らない**。

---

②. **"～怎么样"** は「～するのはどうですか」という慣用表現。
⑥. **"一直**＋否定" は「(ある一定時間) ずっと～しない」という慣用表現。

☆方向補語 "过来" の派生用法

①動詞V＋"过（目的語 O）来"
：「Vして(O を)こちら向きにする。」…………… 1 2 3 4

②動詞V＋"过（目的語 O）来"
：「Vして(O を)正常な状態にする。」………………… 5 6 7

③動詞V＋"过来"：「Vして手が回らない。」…………………… 8

他**转过**头**来**，看了我一眼。
Tā **zhuǎnguò** tóu **lái**, kànle wǒ yì yǎn.

把顺序**换过来**怎么样?
Bǎ shùnxù **huànguolai** zěnmeyàng?

你的衣服穿反了，应该**反过来**。
Nǐ de yīfu chuānfǎnle, yīnggāi **fǎnguolai**.

你开过头了，赶快**掉过**头**来**。
Nǐ kāiguòtóu le, gǎnkuài **diàoguò** tóu **lái**.

喜欢赌博是他的老毛病，绝对**改不过来**。
Xǐhuan dǔbó shì tā de lǎomáobìng, juéduì **gǎibuguòlai**.

他倒下后，就一直**醒不过来**。
Tā dǎoxia hòu, jiù yìzhí **xǐngbuguòlai**.

我跑进车厢后，一时**喘不过**气**来**。
Wǒ pǎojin chēxiāng hòu, yìshí **chuǎnbuguò** qì **lái**.

这几天我实在是**忙不过来**。
Zhè jǐ tiān wǒ shízài shì **mángbuguòlai**.

〔動詞〕+ "过" + "去"
<u>V</u>　<u>〔方向補語〕</u><u>〔方向動詞〕</u>
「V して向こう側に向きを変える」

🎧 Audio ▶ **33**

---

① 長い年月が**流れ去りました**。

---

② 私は**振り向いて**、店員にお茶をお願いしました。

---

③ 先月のカレンダーはまだ**めくっていま**せん。

---

④ 本当のことを言いな、こうして**騙し通せる**と思っているの。

---

⑤ この事は、**うやむやにすれ**ばいいさ。

---

⑥ これっぽっちのお金じゃ、**しのげない**よ。

---

⑦ 彼は熱中症で、**気絶してしまいました**。

---

⑧ 彼は脳梗塞で、**息を引き取りました**。

---

④. **"以为～"** を用いる場合 **"～"** の部分は、話し手の間違っていると思う内容が置かれます。

☆方向補語"过去"の派生用法

　①動詞Ｖ＋"过去"：「(時間が)Ｖし過ぎ去っていく。」……………… 1

　②動詞Ｖ＋"过去"：「Ｖして(…を) 向こう側に向きを変える。」

　　　　　　　　　　　　　　　　　　　　　　　　　………… 2 3

　③動詞Ｖ＋"过 (…) 去"：「して(…を) やり過ごす / しのぐ。」

　　　　　　　　　　　　　　　　　　　　　……… 4 5 6

　④動詞Ｖ＋"过去"：「Ｖして正常な状態を失う。」……………… 7 8

长久的岁月**流逝过去**。
Chángjiǔ de suìyuè **liúshìguoqu**.

我**转过**头**去**，向服务员要了一杯茶。
Wǒ **zhuǎnguo** tóu **qù**, xiàng fúwùyuán yàole yì bēi chá.

上个月的日历还没**翻过去**。
Shàng ge yuè de rìlì hái méi **fānguoqu**.

说实话，你以为这样就**骗得过去**吗？
Shuō shíhuà, nǐ yǐwéi zhèiyàng jiù **piàndeguòqu** ma?

这件事，**敷衍过去**就行了。
Zhèi jiàn shì, **fūyǎnguoqu** jiù xíng le.

只有这些钱，是**熬不过去**的。
Zhǐ yǒu zhèi xiē qián, shì **áobuguòqu** de.

他中暑**昏过去**了。
Tā zhòngshǔ **hūnguoqu** le.

他由于脑梗塞**死过去**了。
Tā yóuyú nǎogěngsè **sǐguoqu** le.

34 ▶方向補語の派生用法 "起(…)来"

〔動詞〕＋"起"＋"来"
V 〔方向補語〕〔方向動詞〕
「V して 1 つにまとめる」

🎧 Audio ▶ 34

① 物がめちゃくちゃにちらかっているので**片付け**ないと。

② ごちゃごちゃ言わないで、神経を**集中し**なさい。

③ **見たところ**、あなたはとても疲れているね。

④ この料理、意外にも**食べてみると**こんなにおいしいとは。

⑤ 乾杯を終えた後、来賓の方たちは**雑談を始めました**。

⑥ 最近、気候が**涼しくなりました**。

⑦ 最近、彼女は**太ってきた**ようだ。

⑧ 彼の名前を、私はどうしても**思い出せません**。

補足メモ
③. **"看起来"** は「見たところ」という意味の慣用表現。
③. **"挺～的"** は「とても～」という慣用表現。

106

文法 をおさえよう

☆方向補語 "起来" の派生用法

① 動詞V＋"**起来**"：「V して一点にまとめる。」………………… ① ②
② 動詞V＋"**起来**"：「V してみると。」………………………… ③ ④
③ 動詞V＋"**起 (…) 来**"：「(O を)V しはじめる。」…………… ⑤
④ 動詞V＋"**起来**"：「V な兆しが見える。」…………………… ⑥ ⑦
⑤ "**想起 (…) 来**"：「(O を) 思い出す。」…………………… ⑧

东西乱得一塌糊涂，把它**收起来**。
Dōngxi luànde yì tā hútu, bǎ tā **shōuqilai**.

别啰唆，把精神**集中起来**。
Bié luōsuo, bǎ jīngshén **jízhōngqilai**.

看起来，你挺累的。
Kànqilai, nǐ tǐng lèi de.

这个菜，没想到**吃起来**这么好吃。
Zhèige cài, méi xiǎngdao **chīqilai** zhème hǎochī.

干完杯后，嘉宾们开始**谈起话来**。
Gānwán bēi hòu, jiābīnmen kāishǐ **tánqǐ** huà **lái**.

最近天**凉快起来**了。
Zuìjìn tiān **liángkuaiqilai** le.

最近她好像**胖起来**了。
Zuìjìn tā hǎoxiàng **pàngqilai** le.

他的名字，我怎么也**想不起来**。
Tā de míngzi, wǒ zěnme **yě xiǎngbuqǐlai**.

35

▶可能補語の慣用表現 "V 不得" "V 不了"

〔動詞〕+"不得 / 不了"（+目的語）
V 〔可能補語〕 O
「(O の) V してはいけない／できない」

🎧 Audio ▶ 35

① この肉は腐っているので、**食べてはいけません**。

---

② 危険なので、**触れてはいけません**。

---

③ こんなに多くの料理、私には**食べられません**。

---

④ 私は今日用事があって、**行けなくなりました**。

---

⑤ パソコンはバッテリー切れで、**使えなくなりました**。

---

⑥ 見たところ、状況は**よくならない**でしょう。

---

⑦ この場所は探しやすいから、道に**迷うはずがない**。

---

⑧ こんなこと、絶対**忘れるわけありません**。

補足メモ

⑥. **"看样子"** は「見たところ」という意味の慣用表現。
⑦. **"好＋動詞 V"** は「V しやすい」という意味の慣用表現。

☆可能補語表現 "V 不得" の用法

　①動詞V ＋ "**不得**"：「V してはいけない。」 ⋯⋯⋯⋯⋯⋯⋯⋯⋯ 1 2

☆可能補語表現 "V 不了" の用法

　①動詞V ＋ "**不了**"：「V することができない。」 ⋯⋯⋯⋯⋯ 3 4 5

　②動詞V ＋ "**不了**"：「V するはずがない。」 ⋯⋯⋯⋯⋯⋯⋯ 6 7 8

这块肉坏了，**吃不得**。

Zhèi kuài ròu huài le, **chībude**.

太危险了，**动不得**。

Tài wēixiǎn le, **dòngbude**.

这么多的菜，我**吃不了**。

Zhème duō de cài, wǒ **chībuliǎo**.

我今天有事，**去不了**了。

Wǒ jīntiān yǒushì, **qùbuliǎo** le.

电脑没电了，**用不了**了。

Diànnǎo méi diàn le, **yòngbuliǎo** le.

看样子，情况**好不了**了。

Kàn yàngzi, qíngkuàng **hǎobuliǎo** le.

这地方很好找，**迷不了**路。

Zhè dìfang hěn hǎo zhǎo, **míbuliǎo** lù.

这种事，绝对**忘不了**。

Zhèi zhǒng shì, juéduì **wàngbuliǎo**.

Part **3**

副詞
"就""也""都""才"を
用いた文を
マスターしよう

（7）複文表現
　……36課～49課

"一～, 就…。"

「～すると、…する。」

🎧 Audio ▶ **36**

---

① お金を振り込みま**したら**、私にご連絡**ください**。

---

② こんなこと説明するまでもありません。見**れば**すぐに分かり**ます**。

---

③ 私が彼を呼ぶ**と**、彼はすぐに返事をしました。

---

④ 国会では与党議員が話を**すると**、野党議員はすぐに野次を飛ば**します**。

---

⑤ 心配しないで。何か問題があっ**たら**私が駆けつけ**ます**から。

---

⑥ 彼は話し終え**ると**すぐに立ち去り**ました**。

---

⑦ 彼は家に帰る**と**、すぐにベッドに横になり**ました**。

---

⑧ その知らせを聞く**と**、頭が真っ白になり**ました**。

---

②.**"用不着～"** は「～する必要がない」という慣用表現。
④.**"喝倒彩"** は「やじをとばす」という慣用表現。

☆ "**一**" の位置は必ず「～（動作）」の前。

☆ 「…する」の部分に主語を置く場合は、"**就**"の前。"**就**" の後には置くことができない。 …………… ③④⑧

例： **一 ～ , 头 + 就 + 发 蒙 了** …………⑧
　　　　　主語　　　　**動詞**

你汇款**一**完，**就**跟我联系。
Nǐ huìkuǎn **yì** wán, **jiù** gēn wǒ liánxì.

这种事用不着解释，**一**看**就**明白。
Zhèi zhǒng shì yòngbuzháo jiěshì, **yí** kàn **jiù** míngbai.

我**一**叫他，他马上**就**答应了。
Wǒ **yí** jiào tā, tā mǎshàng **jiù** dāying le.

在国会上，执政党议员**一**讲话，在野党议员**就**喝倒彩。
Zài guóhuìshang, zhízhèngdǎng yìyuán **yì** jiǎnghuà, zàiyědǎng yìyuán **jiù** hèdàocǎi.

别担心，**一**有什么事我**就**赶过来。
Bié dānxīn, **yì** yǒu shénme shì wǒ **jiù** gǎnguolai.

他**一**说完话**就**离席而去。
Tā **yì** shuōwán huà **jiù** lí xí ér qù.

他**一**回到家**就**躺在床上。
Tā **yì** huídao jiā **jiù** tǎngzài chuángshang.

我**一**听到那个消息，头**就**发蒙了。
Wǒ **yì** tīngdào nèige xiāoxi, tóu **jiù** fāmēng le.

⑤. "**赶过来**" は「駆けつける」という慣用表現。

"如果〜, 就…。"

「もし〜ならば、…する。」

🎧 Audio ▶ 37

---

① **もし**用事がなけれ**ば**、私は行きます。

---

② **もし**明日時間があれ**ば**、お伺いいたします。

---

③ **もし**雨が降った**ら**、試合は延期となります。

---

④ **もし**彼が反対しないの**なら**、私も何の異議もありません。

---

⑤ **もし**今回の試合を落とした**ら**、今年私たちは優勝できません。

---

⑥ **もし**駄目**なら**、どうしましょう。

---

⑦ **もし**気に入らない**なら**、前もって断ってくれて結構です。

---

⑧ **もし**難しけれ**ば**、無理しなくていいですよ。

---

④. ⑥. ⑧ **"如果"** は **"如果〜的话"** というセットの形で用いられることもあります。また **"〜的话"** だけでも「もしも〜するならば」という意味を表します。

114

☆「…する」の部分に主語を置く場合は、"就"の前。"就"の後には置くことができない。……… ①②③④⑤⑦

例：～，<u>我</u> + **就** + <u>去</u> …………………………①
　　　　主語　　　　動詞

如果没有事，我**就**去。
Rúguǒ méi yǒu shì, wǒ jiù qù.

如果明天有时间，我**就**去找你。
Rúguǒ míngtiān yǒu shíjiān, wǒ jiù qù zhǎo nǐ.

如果下雨，比赛**就**会延期。
Rúguǒ xiàyǔ, bǐsài jiù huì yánqī.

如果他不反对的话，那我也**就**没什么意见了。
Rúguǒ tā bù fǎnduì de huà, nà wǒ yě jiù méi shénme yìjiàn le.

如果这次比赛输了，今年我们**就**得不了冠军了。
Rúguǒ zhècì bǐsài shūle, jīnnián wǒmen jiù débuliǎo guànjūn le.

如果不行的话，那该怎么办呢？
Rúguǒ bù xíng de huà, nà gāi zěnme bàn ne?

如果不称心，预先拒绝**就**行了。
Rúguǒ bú chènxīn, yùxiān jùjué jiù xíng le.

如果太难的话，**就**不必勉强了。
Rúguǒ tài nán de huà, jiù bú bì miǎnqiǎng le.

④. ⑥. **"如果"**は**"如果～，那…"**と呼応する形もあります。この場合**"那"**は**"…"**の頭に置かれます。

"既然～，就…。"

「～したからには、…する。」

🎧 Audio ▶ **38**

---

① 自分で決めた**からには**、やり続けないといけない。

---

② 自分で口に出した**からには**、後には引けません。

---

③ こうなってしまった**からには**、あきらめるしかありません。

---

④ あなたがあきらめない**限り**、私は見捨てないよ。

---

⑤ 私が進行することになった**からには**、あなたたちの好きにはさせないよ。

---

⑥ 引き受けた**からには**、最後まで責任を持ちなさい。

---

⑦ あなたがそういう態度をとる**なら**、私は遠慮しないよ。

---

⑧ 彼がやりたくないと言う**からには**、彼に無理強いすることはない。

補足メモ

①. **"继续做下去"**は「やり続ける」という慣用表現。
⑤. **"随心所欲"**は「自由気ままにする」という慣用表現。

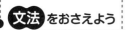

☆ 「…する」の部分に主語を置く場合は、"就" の前。"就" の後には置くことができない。 …………… ④⑦

例： 〜， 我 ＋ **就** ＋ 不客气 了 …………⑦
　　　　 主語　　　　　　 **動詞**

既然自己决定了，**就**得继续做下去。
Jìrán zìjǐ juédìng le, jiù děi jìxù zuòxiaqu.

既然是自己说出口的，**就**不能打退堂鼓了。
Jìrán shì zìjǐ shuōchū kǒu de, jiù bù néng dǎ tuìtánggǔ le.

既然到了这一步，**就**只能放弃了。
Jìrán dàole zhèi yí bù, jiù zhǐ néng fàngqì le.

既然你不死心，那我也**就**不会坐视不管了。
Jìrán nǐ bù sǐxīn, nà wǒ yě jiù bú huì zuòshì bù guǎn le.

既然由我主持，**就**不会让你们随心所欲。
Jìrán yóu wǒ zhǔchí, jiù bú huì ràng nǐmen suí xīn suǒ yù.

既然接受了，**就**得负责到底。
Jìrán jiēshòule, jiù děi fùzé dàodǐ.

既然你采取这种态度，我**就**不客气了。
Jìrán nǐ cǎiqǔ zhèi zhǒng tàidù, wǒ jiù bú kèqi le.

既然他不愿意做，**就**不用去勉强他。
Jìrán tā bú yuànyi zuò, jiù bú yòng qù miǎnqiǎng tā.

---

⑦. **"〜，我就不客气了"** は「〜だったら、私は遠慮しないよ」という慣用表現。

"只要~ , 就…。"

「~さえすれば、…する。」

🎧 Audio ▶ 39

① 車間距離に注意し**さえすれば**、かなりの事故を防ぐことができます。

② がんばって。あきらめ**さえしなければ**、夢は実現しますよ。

③ 特に要求はありません。やる気**さえあれば**、私たちは歓迎いたします。

④ 私を信用して。私の言う通り**にしさえすれば**大丈夫だから。

⑤ 本当に心強いです。あなたがすすんで手伝ってくれ**さえすれば**百人力です。

⑥ 気を使うことはないよ。あなたの考え通りに**やりさえすれば**いいさ。

⑦ その日は私服でも結構です。だらしない格好で**さえなければ**いいです。

⑧ がんばれ。この難関を乗り切り**さえすれば**後は何とかなるはずだ。

補足メモ

⑥. "按~去＋動詞 V" は＋「~に基づいて V する」という意味の慣用表現。

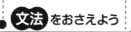

☆「…する」の部分に主語を置く場合は、"就"の前。"就"の後には置くことができない。……………… ①②③⑤

例： ～， <u>好多事故</u> + <u>就</u> + <u>能 防止</u> …………… ①
　　　　　主語　　　　　　　　　　動詞

只要注意车距，好多事故**就**能防止。
Zhǐyào zhùyì chējù, hǎoduō shìgù **jiù** néng fángzhǐ.

加油！ **只要**不死心，梦想**就**能成真。
Jiāyóu! **Zhǐyào** bù sǐxīn, mèngxiǎng **jiù** néng chéngzhēn.

没有什么特别的要求，**只要**有干劲儿，我们**就**欢迎。
Méiyou shénme tèbié de yāoqiú, **zhǐyào** yǒu gànjìnr, wǒmen **jiù** huānyíng.

相信我！ **只要**听我的话去办**就**行了。
Xiāngxìn wǒ! **zhǐyào** tīng wǒ de huà qù bàn **jiù** xíng le.

我心里踏实了，**只要**你肯帮忙，我**就**理直气壮了。
Wǒ xīnli tāshi le, **zhǐyào** nǐ kěn bāng máng, wǒ **jiù** lǐ zhí qì zhuàng le.

不用多在意，**只要**按你的想法去办**就**行。
Bú yòng duō zàiyì, **zhǐyào** àn nǐ de xiǎngfa qù bàn **jiù** xíng.

那天穿便服也可以，**只要**穿得不邋遢**就**行。
Nèitiān chuān biànfú yě kěyǐ, **zhǐyào** chuānde bù lāta **jiù** xíng.

加油！ **只要**渡过这个难关以后**就**会熬过去的。
Jiāyóu! **Zhǐyào** dùguò zhèige nánguān yǐhòu **jiù** huì áoguoqu de.

---

⑧. **"会～的"** は「～するだろう」という意味の慣用表現。

"即使 / 就是～ , 也…。"

「たとえ～したとしても、…する。」

🎧 Audio ▶ **40**

① **たとえ**仕事でいやなことがあっ**ても**、家に持ち込んではいけない。

② **たとえ**みんなが認め**ても**、私は反対です。

③ **たとえ**失敗し**ても**かまわないので、ベストを尽くさなければいけません。

④ 何か動きがあれば、**たとえ**小さなこと**でも**私に報告してください。

⑤ 彼は最近堪え性がなく、**たとえ**ちょっとのこと**でも**腹を立てます。

⑥ **たとえ**私が2、3時間話をした**ところで**、聴衆の価値観は変わるはずはありません。

⑦ 私が**たとえ**あなたの代わりに宿題をやっ**ても**、あなたにとって何のためにもなりません。

⑧ こんな仕事、**たとえ**給与を返上し**ても**やりたくない。

補足メモ

③. **"全力以赴"** は「ベストを尽くす」という慣用表現。

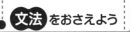

☆「…する」の部分に主語を置く場合は、"也"の前。"也"の後には置くことができない。……………… ②⑤⑥⑧

例：○ 我**也**不想做。……………… ⑧
　　× **也**我不想做。

即使在工作上有不开心的事，**也**不应该带回家里来。
Jíshǐ zài gōngzuòshang yǒu bù kāixīn de shì, **yě** bù yīnggāi dàihuí jiālilai.

- -

即使大家都同意，我**也**反对。
Jíshǐ dàjiā dōu tóngyì, wǒ **yě** fǎnduì.

- -

就是失败**也**没关系，得全力以赴。
Jiùshì shībài yě méi guānxi, děi quánlì yǐ fù.

- -

有了什么动静，**即使**是小小的事情**也**得来告诉我。
Yǒule shénme dòngjing, **jíshǐ** shì xiǎoxiǎo de shìqing **yě** děi lái gàosu wǒ.

- -

他最近没耐心，**就是**有一点儿事**也**会发脾气。
Tā zuìjìn méi nàixīn, **jiùshì** yǒu yìdiǎnr shì **yě** huì fā píqi.

- -

即使我讲两个小时，听众的价值观**也**不会变化。
Jíshǐ wǒ jiǎng liǎng ge xiǎoshí, tīngzhòng de jiàzhíguān **yě** bú huì biànhuà.

- -

我**即使**帮你做作业，对你**也**不会有什么好处。
Wǒ **jíshǐ** bāng nǐ zuò zuòyè, duì nǐ **yě** bú huì yǒu shénme hǎochu.

- -

这种工作，**就是**把工资退回去，我**也**不想做。
Zhèi zhǒng gōngzuò, **jiùshì** bǎ gōngzī tuìhuiqu, wǒ **yě** bù xiǎng zuò.

- -

▶ "都""也" を用いた呼応表現①

"不管～ , 都 / 也…。"

「～に関わらず、…する。」「～であろうと、…する。」

🎧 Audio ▶ **41**

① どんなに彼を説得**しても**、彼の耳には入りません。

② 彼がどんなに反抗**しても**、相手はやめようとしません。

③ 誰が聞い**ても**、答えは同じです。

④ 海外旅行をすれば、どこに行っ**ても**新鮮さを感じるでしょう。

⑤ 好きか嫌いか**に関わらず**、避けられません。

⑥ **どうであろうと**、この試合は勝たないといけません。

⑦ お好きなように。あなたが来**ても**、私が行っ**ても**構いません。

⑧ **どうしたって**、事態はよくならないだろう。

①. **"听不进去"** は「聞く耳を持たない」という慣用表現。
⑤. **"无法～"** は「～する術がない」という慣用表現。

☆ "不管" の後は通常疑問文形式が置かれる。

☆ 「…する」の部分に主語を置く場合は、"也" "都" の前。
"也" "都" の後には置かれない。 ……… ①②③⑥⑧

例： ○ 答案 **都** 一样。 …………………… ③
　　 ✕ **都** 答案 一样。

不管怎么说服他，他**也**听不进去。
Bùguǎn zěnme shuōfú tā, tā yě tīngbujìnqu.

不管他怎么反抗，对方**也**不肯罢休。
Bùguǎn tā zěnme fǎnkàng, duìfāng yě bù kěn bàxiū.

不管谁问，答案**都**一样。
Bùguǎn shéi wèn, dá'àn dōu yíyàng.

去海外旅游的话，**不管**去哪里**都**会觉得新鲜。
Qù hǎiwài lǚyóu de huà, bùguǎn qù nǎli dōu huì juéde xīnxiān.

不管喜不喜欢，**都**无法逃避。
Bùguǎn xǐ bu xǐhuan, dōu wú fǎ táobì.

不管怎么样，这场比赛**也**得赢。
Bùguǎn zěnmeyàng, zhèi cháng bǐsài yě děi yíng.

我听你的，**不管**你来还是我去**都**行。
Wǒ tīng nǐ de, bùguǎn nǐ lái háishi wǒ qù dōu xíng.

不管怎么样，情况**都**好不了。
Bùguǎn zěnmeyàng, qíngkuàng dōu hǎobuliǎo.

---

⑦. **"听"** は日本語同様、「言うことを聞く」という意味があります。

"连～,都/也…。"

「～でさえも、…。」

🎧 Audio ▶ **42**

① こんなこと、子供**でさえも**知っています。

② この種の商品は偽装が本当に巧妙で、プロ**でさえも**見分けることができません。

③ 私は彼のことがそんなに好きではないが、この件は私**ですら**同情します。

④ あなた**でさえも**彼に敵わないのだから、私なんかなおさらだ。

⑤ こんな理屈**でさえも**分からないなんて、大学生とは言えないね。

⑥ プロ選手とはよく言ったものだよ。高校生以下だね。

⑦ こんなこと、私は知りたい**とも**思いません。

⑧ 私はぎっくり腰で、一歩**も**動けません。

②. **"分不清楚"** は「区別できない」という慣用表現。
⑤. **"说得上是～"** は「～というに値する」という慣用表現。

☆「〜」の部分には主に以下の2つが入る。

◎動作を行う者 …………………………………………… ①②③④

◎動作を受ける者 ………………………………………… ⑤⑥

☆「〜すらしない」という場合

"〜＋都／也＋不＋〜" ……………………………… ⑦

这种事**连**小孩儿**都**知道。
Zhèi zhǒng shì **lián** xiǎoháir **dōu** zhīdao.

这种冒牌货伪装得真巧妙，**连**专家**也**分不清楚。
Zhèi zhǒng màopáihuò wěizhuāngde zhēn qiǎomiào, **lián** zhuānjiā **yě** fēnbuqīngchu.

我不怎么喜欢他，但这件事**连**我**也**同情起他来。
Wǒ bù zěnme xǐhuan tā, dàn zhèi jiàn shì **lián** wǒ **yě** tóngqíngqǐ tā lái.

连你**都**比不上他，我更不行了。
Lián nǐ **dōu** bǐbushàng tā, wǒ gèng bù xíng le.

连这种道理**都**不懂，哪能说得上是大学生？
Lián zhèi zhǒng dàoli **dōu** bù dǒng, nǎ néng shuōdeshàng shì dàxuéshēng.

亏你还是职业选手，**连**高中生**都**不如。
Kuī nǐ háishi zhíyè xuǎnshǒu, **lián** gāozhōngshēng **dōu** bù rú.

这种事，我**连**知道**也**不想知道。
Zhèi zhǒng shì, wǒ **lián** zhīdao **yě** bù xiǎng zhīdao.

我闪了腰，**连**一步**也**走不动。
Wǒ shǎnle yāo, **lián** yíbù **yě** zǒubudòng.

---

⑥. **"亏你还是〜"** は「〜とはよく言ったものだ」。

43

▶ "都""也" を用いた呼応表現③

疑問詞
"什么/谁/怎么" + "都/也" + ～
「何でも／誰でも／どうしても～。」

🎧 Audio ▶ 43

---

① 私は食欲がなく、**何も**食べたくありません。

---

② 彼は度胸があり、**どのような**困難にあって**も**緊張しません。

---

③ お時間があれば、**いつでも**来ていただいて結構です。

---

④ 特に決まりはありません。**どなたでも**参加できます。

---

⑤ **どこへ**行って**も**結構です。私はあなたについて行きます。

---

⑥ **誰が**やって**も**結果は同じです。

---

⑦ 事がここにいたっては、**どうやっても**手遅れです。

---

⑧ 私は**何でも**結構です。あなたが決めてください。

---

⑥.「誰が～しても○○は…」という文で「○○」に当たる語は **"都 / 也"** の前に置かれます。例）**"结果＋都"**

126

① "什么＋都 / 也"：「何でも /何を〜しても」 …………………… 1
② "什么样的〜＋都 / 也"：「どのような〜も」 ……………… 2
③ "什么时候＋都 / 也"：「いつでも /いつ〜しても」………… 3
④ "谁＋都 / 也"：「誰でも /誰が〜しても」 ………………… 4 6
⑤ "哪里 / 哪儿＋都 / 也"：「どこでも/どこに〜しても」…… 5
⑥ "怎么 / 怎么样"＋"都 / 也"：「どんなに〜しても /
                                どうであっても」……7 8

我没有胃口，**什么也**不想吃。
Wǒ méiyou wèikǒu, **shénme yě** bù xiǎng chī.

他胆子大，遇到**什么样的**困难**也**不紧张。
Tā dǎnzi da, yùdào **shénmeyàng de** kùnnan **yě** bù jǐnzhāng.

有时间的话，**什么时候都**可以来。
Yǒu shíjiān de huà, **shénme shíhou dōu** kěyǐ lái.

没有什么特别规定，**谁都**能参加。
Méiyou shénme tèbié guīdìng, **shéi dōu** néng cānjiā.

到**哪儿都**行，我跟你去。
Dào **nǎr dōu** xíng, wǒ gēn nǐ qù.

谁干结果**都**一样。
Shéi gàn jiéguǒ **dōu** yíyàng.

事到如今，**怎么办也**为时已晚了。
Shì dào rú jīn, **zěnme bàn yě** wéi shí yǐ wǎn le.

我**怎么(样)都**行，你来做主吧。
Wǒ **zěnme (yàng) dōu** xíng, nǐ lái zuò zhǔ ba.

8. **"来"** は動詞の前につけて、その動作を積極的に行うことを表します。
8. **"做主"** は「決定する」という意味。

"一点儿（＋〜）"＋ "都 / 也"＋否定

「少しも…しない」

🎧 Audio ▶ **44**

---

① 彼がどんな顔だったか、**少しも**思い出せません。

---

② これはもう随分昔のことなので、**少しも**覚えていません。

---

③ あなたの言うことを、私は**少しも**分かりません。

---

④ 私には**少しのお金も**ありません。少しお金を貸してくれませんか。

---

⑤ 彼は何かにつけかっとなり、**少しも**忍耐がありません。

---

⑥ 私はくたくたで、**少しの力も**ありません。

---

⑦ こんなつまらないこと、私は**少しも**やりたいとは思いません。

---

⑧ 私は一人で暮らすのが好きなので、**少しも**寂しいとは思いません。

補足メモ

①. "想起来" は「思い出す」という慣用表現。
⑥. "筋疲力尽" は「くたくたになる」という慣用表現。

128

文法 をおさえよう

☆ "都" "也" を用いた呼応表現

① "一点儿都 / 也…":「少しも…しない」 ………… ①②③⑦⑧

② "一点儿~都 / 也…":「少しの~も…しない」
………… ④⑤⑥

他长什么样，我一点儿都想不起来了。
Tā zhǎng shémeyàng, wǒ **yìdiǎnr dōu** xiǎngbuqǐlai le.

这是很久以前的事了，一点儿也不记得了。
Zhè shì hěn jiǔ yǐqián de shì le, **yìdiǎnr yě** bú jìde le.

你说的事，我一点儿也不明白。
Nǐ shuō de shì, wǒ **yìdiǎnr yě** bù míngbai.

我一点儿钱也没有，能不能借我一点儿？
Wǒ **yìdiǎnr** qián **yě** méiyou, néng bu néng jiè wǒ yìdiǎnr?

他动不动就生气，一点儿耐心也没有。
Tā dòng bu dòng jiù shēngqì, **yìdiǎnr** nàixīn **yě** méiyou.

我筋疲力尽了，连一点儿力气都没有了。
Wǒ jīn pí lì jìn le, lián **yìdiǎnr** lìqi **dōu** méiyou le.

这种无聊的事，我一点儿也不想做。
Zhèi zhǒng wúliáo de shì, wǒ **yìdiǎnr yě** bù xiǎng zuò.

我喜欢一个人过日子，一点儿也不觉得寂寞。
Wǒ xǐhuan yí ge rén guò rìzi, **yìdiǎnr yě** bù juéde jìmo.

"一"+〔量詞〕+ "都 / 也"+否定

「一 ～ も…しない」

🎧 Audio ▶ 45

① この辺りは静かで、**人っ子一人**見当たりません。

② 私は**タバコを 1 本も**吸ったことがありません。

③ 私は食欲がなく、**ご飯を一杯も**食べませんでした。

④ これが最低価格なので、**一銭も**安くできません。

⑤ 私は**一度も**北京に行ったことがありません。

⑥ 彼女は今まで、**一度も化粧を**したことがありません。

⑦ 健康のため、**一食たりとも**欠かすことができません。

⑧ もう時間がないので、**1 分だって**待てません。

☆ **文法**をおさえよう

☆ "都" "也" を用いた呼応表現

① **"一"+〔量詞〕+"都 / 也…"**
: 「一 〜 も …しない」 …………………………………… 5 8

② **"一"+〔量詞〕+〔名詞〕+"都 / 也…"**
: 「一 〜 の〔名詞〕も …しない」 …………… 1 2 3 4 6 7

这附近很安静，**一个人影都**没有。
Zhè fùjìn hěn ānjìng, **yí ge rényǐng dōu** méiyou.

我**一根烟都**没抽过。
Wǒ **yì gēn yān dōu** méi chōuguo.

我没有胃口，**一碗饭也**吃不下去。
Wǒ méiyou wèikǒu, **yì wǎn fàn yě** chībuxiàqu.

这是最低价了，**一分钱也**不能便宜了。
Zhè shì zuì dījià le, **yì fēn qián yě** bù néng piányi le.

我**一次都**没有去过北京。
Wǒ **yí cì dōu** méiyou qùguo Běijīng.

她至今**一次妆也**没有化过。
Tā zhìjīn **yí cì zhuāng yě** méiyou huàguo.

为了健康，**一顿饭都**不能缺。
Wèile jiànkāng, **yí dùn fàn dōu** bù néng quē.

已经没有时间了，**一分钟也**不能等了。
Yǐjīng méiyou shíjiān le, **yì fēnzhōng yě** bù néng děng le.

46

▶ "才"を用いた呼応表現

"只有～, 才…。"
「～してこそ、…する。」

🎧 Audio ▶ 46

① あなたが説得**してこそ**、彼は承諾しますよ。

② よい物は、手間隙かけ**てこそ**、作り出すことができます。

③ 警戒を強め**てこそ**、事故を未然に防ぐことができます。

④ 真心を持って人に対し**てこそ**、信頼を得られます。

⑤ 鍛え続け**てこそ**、免疫機能を高めることができます。

⑥ たのむよ。あなたが手伝ってくれないとどうしようもないよ。

⑦ 冷静に考え**てこそ**、最善の方法を考え出すことができます。

⑧ この件はあなたが間違っているのだから、彼に謝っ**てこそ**当然だ。

補足メモ

②. **"花工夫"** は「手間隙をかける」という慣用表現。
⑦. この場合 **"去"** は後ろの動作 **"想"** を積極的に行うことを表します。

132

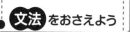

☆「…する」の部分に主語を置く場合は、"才"の前。"才"の後
には置くことができない。 ……………………………………… ①⑥

例： ○ 他**才**会答应。 …………………… ①
　　　× **才**他会答应。

只有你说服他，他**才**会答应。
Zhǐyǒu nǐ shuōfú tā, tā **cái** huì dāying.

好东西，**只有**花工夫去做**才**能做出来。
Hǎo dōngxi, **zhǐyǒu** huā gōngfu qù zuò **cái** néng zuòchulai.

只有提高警惕，**才**能防患于未然。
Zhǐyǒu tígāo jǐngtì, **cái** néng fánghuànyú wèirán.

只有真心去对待他人，**才**能得到信赖。
Zhǐyǒu zhēnxīn qù duìdài tārén, **cái** néng dédào xìnlài.

只有坚持锻炼，**才**能强化免疫功能。
Zhǐyǒu jiānchí duànliàn, **cái** néng qiánghuà miǎnyì gōngnéng.

拜托你，**只有**你帮我**才**会有办法。
Bàituō nǐ, **zhǐyǒu** nǐ bāng wǒ **cái** huì yǒu bànfǎ.

只有冷静地去想，**才**能想出最好的办法来。
Zhǐyǒu lěngjìng de qù xiǎng, **cái** néng xiǎngchū zuìhǎo de bànfǎ lái.

这件事是你不对，**只有**你向他道歉**才**对。
Zhèi jiàn shì shì nǐ bú duì, **zhǐyǒu** nǐ xiàng tā dàoqiàn **cái** duì.

⑧. "只有～才对" は「～してこそ当然だ」という意味の慣用表現。

"～就…。"

「～するとすぐに…」「～するなら…」「～したからには…」

🎧 Audio ▶ **47**

① 私はご飯を食べ終わっ**たら**出かけます。

② 彼は仕事を終える**と**帰宅しました。

③ お母さんが子供をしかる**と**、子供は泣き出しました。

④ セクハラを受け**たら**、こちらの電話番号にお電話ください。

⑤ ご質問が**あれ**ば、アンケート用紙に直接書いてください。

⑥ 今回は自分自身が事をしくじった**ので**、何も言えることがありません。

⑦ あなたがいやだと思うの**なら**、直接彼に言うべきである。

⑧ あなたがやりたくない**なら**、無理強いしないですよ。

③. **"声"** は発話を伴う動作を数える動量詞です。数詞は多く **"一" "几"** を用います。

☆ "就" を用いた表現

① 「〜するとすぐに…」 ……………………………… 1 2
② 「〜する / したならば…」 …………………………… 3 4 5
③ 「〜したからには / したので…」 ………………… 6 7 8

※ 36 〜 38 課で示したような意味は "一" "如果" "既然" などを用いなくても "就" だけで示すことができる。

我吃完饭**就**出去。
Wǒ chīwán fàn **jiù** chūqu.

他上完班**就**回家了。
Tā shàngwán bān **jiù** huíjiā le.

妈妈骂了孩子几声，孩子**就**哭了。
Māma màle háizi jǐ shēng, háizi **jiù** kū le.

受到性骚扰，打这个电话**就**行了。
Shòudào xìngsāorǎo, dǎ zhèige diànhuà **jiù** xíng le.

有什么问题，**就**可以直接写在问卷上。
Yǒu shénme wèntí, **jiù** kěyǐ zhíjiē xiězài wènjuànshang.

这次既然是自己做错了事，**就**无话可说了。
Zhèicì jìrán shì zìjǐ zuòcuòle shì, **jiù** wú huà kě shuō le.

你不愿意，**就**得直接跟他说出来。
Nǐ bú yuànyi, **jiù** děi zhíjiē gēn tā shuōchulai.

你不想做，那**就**不勉强了。
Nǐ bù xiǎng zuò, nà **jiù** bù miǎnqiǎng le.

48

▶ "也" を用いた表現

"〜也…。"

「〜しても…」「〜たとしても…」「〜さえ…」

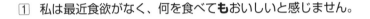

🎧 Audio ▶ 48

1 私は最近食欲がなく、何を食べて**も**おいしいと感じません。

2 私たちが何を言って**も**、彼は聴く耳を持ちません。

3 明日雨が降って**も**、予定通り試合を行います。

4 彼女が謝って**も**、私は彼女を許さないぞ。

5 とめて**も**無駄だよ。もう決めたのだ。

6 気持ちが落ち着いていない時は、とるに足らない言葉で**も**かっとなるものです。

7 あなた**さえ**彼に敵わないのだから、それなら私はなおさらだよ。

8 あまりいい気になるな。こんなこと小学生**さえ**知っているよ。

補足メモ

2.**"听不进去"** は「聞く耳を持たない」という慣用表現。
7.**"何况〜呢"** は「〜ならなおさらだ」という慣用表現

136

☆ "也" を用いた表現

① 「何を〜しても…」 ……………………………………… ①②
② 「〜たとしても…」 ……………………………………… ③④⑤⑥
③ 「〜さえ…」 …………………………………………………… ⑦⑧

※ 40、41、42 課で示したような意味は "即使" "不管" "连" などを用いなくても "也" だけで示すことができる。

我最近没有胃口，吃什么**也**不觉得好吃。
Wǒ zuìjìn méiyou wèikǒu, chī shénme **yě** bù juéde hǎochī.

我们说什么，他**也**听不进去。
Wǒmen shuō shénme, tā **yě** tīngbujìnqu.

明天下雨**也**要按时进行比赛。
Míngtiān xiàyǔ **yě** yào ànshí jìnxíng bǐsài.

她道歉，我**也**不会原谅她的。
Tā dàoqiàn, wǒ **yě** bú huì yuánliàng tā de.

要阻止我**也**没用，我已经决定下来了。
Yào zǔzhǐ wǒ **yě** méiyòng, wǒ yǐjīng juédìngxialai le.

情绪不稳定时，微不足道的话**也**会使人生气。
Qíngxù bù wěndìng shí, wēi bù zú dào de huà **yě** huì shǐ rén shēngqì.

你**也**敌不过他的话，那何况我呢！
Nǐ **yě** díbuguò tā de huà, nà hékuàng wǒ ne!

别太得意了，这样的事小学生**也**知道。
Bié tài déyì le, zhèiyàng de shì xiǎoxuéshēng **yě** zhīdao.

49

▶ "就" と "才" の数量表現

[数量] + "就 / 才" + 〜

「ある数量して もう／やっと 〜した」

🎧 Audio ▶ 49

① 主人は午後5時過ぎに**もう**帰ってきました。

② 主人は夜10時過ぎに**やっと**帰ってきました。

③ 彼は3杯飲んで**もう**酔っ払いました。

④ 彼は10杯飲んで**やっと**酔っ払いました。

⑤ 私は30分歩いて**もう**疲れました。

⑥ 私は10時間車を運転して**やっと**目的地につきました。

⑦ 私は1時間眠ったばかりで**もう**目が覚めました。

⑧ 私はしばらく探して**やっと**見つけました。

⑧. **"好半天"** は「長い間」という意味の慣用表現。

138

☆ 「もう」の "就" と「やっと」の "才"

◎ 〔数量〕+ "就" + 〜 + "了"。 1357

※ "就" を用いる場合、"〜" の後には通常文末の "了" が用いられる。

◎ 〔数量〕+ "才" + 〜 。 2468

※ "才" を用いる場合、"〜" の後には通常文末の "了" は用いられない。

我先生下午五点多**就**回来了。
Wǒ xiānsheng xiàwǔ wǔ diǎn duō **jiù** huílái le.

我先生晚上十点多**才**回来。
Wǒ xiānsheng wǎnshang shí diǎn duō **cái** huílái.

他喝了三杯**就**喝醉了。
Tā hēle sān bēi **jiù** hē zuì le.

他喝了十杯**才**喝醉。
Tā hēle shí bēi **cái** hē zuì.

我走了半个小时**就**走累了。
Wǒ zǒule bàn ge xiǎoshí **jiù** zǒu lèi le.

我开了十个小时的车**才**到目的地。
Wǒ kāile shí ge xiǎoshí de chē **cái** dào mùdìdì.

我睡了一个小时**就**醒了。
Wǒ shuìle yí ge xiǎoshí **jiù** xǐng le.

我找了好半天**才**找到。
Wǒ zhǎole hǎo bàntiān **cái** zhǎo dào.

Part

4

中国語特有の 慣用表現を理解しよう

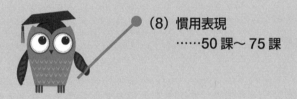

（8）慣用表現
……50課〜75課

50

"除了～（以外/之外),…。"

「～以外に、…する。」

🎧 Audio ▶ 50

① 私は本職の仕事**以外にも**、さらにアルバイトをいくつかやっています。

② 基本給**以外にも**、私の会社は様々な手当があります。

③ 猫**以外にも**、私はウサギも飼っています。

④ 早くして。あなた**以外**みんな来ているよ。

⑤ 豚の脂身**以外**、私は何でも食べられます。

⑥ 私はダイエット中で、サプリメント**以外**食べません。

⑦ 彼は偏食がひどく、ファーストフード**以外**、他のものは食べません。

⑧ 心配しないで。この件は、私たち**以外**誰も知りません。

④. **"快点儿"** は「急げ」という慣用表現。
⑥. **"在＋動詞 V"** は「V している」という進行を表す慣用表現。

☆ "除了～（以外 / 之外）" を用いた表現

① "除了" + ～ + "（以外 / 之外）"，"还" + …
   ：「～以外にも、さらに…」 ⋯⋯⋯⋯⋯⋯⋯⋯ １２３

② "除了" + ～ + "（以外 / 之外）"，"都" + …
   ：「～以外、すべて…」 ⋯⋯⋯⋯⋯⋯⋯⋯ ４５６７８

我**除了**本职工作，**还**打几份工。
Wǒ **chúle** běnzhí gōngzuò, **hái** dǎ jǐ fèn gōng.

除了基本工资以外，我们公司**还**有各种补贴。
Chúle jīběn gōngzī yǐwài, wǒmen gōngsī **hái** yǒu gèzhǒng bǔtiē.

除了猫以外，我**还**养着兔子。
Chúle māo yǐwài, wǒ **hái** yǎngzhe tùzi.

快点儿！**除了**你，大家**都**来了。
Kuài diǎnr! **Chúle** nǐ, dàjiā **dōu** láile.

除了肥猪肉**以外**，我什么**都**可以吃。
Chúle féi zhūròu **yǐwài**, wǒ shénme **dōu** kěyǐ chī.

我在减肥，**除了**保健品**之外**，什么**都**不吃。
Wǒ zài jiǎnféi, **chúle** bǎojiànpǐn **zhīwài**, shénme **dōu** bù chī.

他偏食严重，**除了**洋快餐**以外**，别的**都**不吃。
Tā piānshí yánzhòng, **chúle** yángkuàicān **yǐwài**, biéde **dōu** bù chī.

别担心！此事**除了**我们**之外**，谁**都**不知道。
Bié dānxin! Cǐ shì **chúle** wǒmen **zhīwài**, shéi **dōu** bù zhīdao.

"先～, 再…。"

「まず～してから…する。」

🎧 Audio ▶ 51

① 明日は、**まず**チェックアウトをして**から**ロビーにお集まりください。

② 原稿は、**まず**下書きをして**から**清書してください。

③ 論証は、**まず**結論を述べて**から**説明を行ってください。

④ この件に関しては、**まず**十分に考えて**から**決めたいと思います。

⑤ 出かけるつもりなら、**まず**宿題を済ませて**から**行きなさい。

⑥ 面接試験を始めます。**まず**自己紹介して**から**お座りください。

⑦ 焦らないで。**まず**状況を見て**から**行動しましょう。

⑧ どうも望みが出てきたようです。私たちは**まず**ひと休みしましょう。

④. **"然后再"** は「その後」という意味の慣用表現。
⑥. **"自我介绍"** は「自己紹介する」という慣用表現。

☆ 「まず~してから…する」という意味の慣用表現

① "先"+~, "再"+…。
　　：「まず~してから、…する。」 …………… 1 2 3 5 7 8

② "先"+~, "然后"+"再"+…。
　　：「まず~して、それから…する。」 …………… 4 6

※この場合 "再" は「~してから」という意味。

※動作をする者を示す場合、"先" の前に置かれる。 …………… 8

明天**先**退房**再**到大厅集合。
Míngtiān **xiān** tuìfáng **zài** dào dàtīng jíhé.

原稿，**先**写草稿**再**誊清。
Yuángǎo, **xiān** xiě cǎogǎo **zài** téngqīng.

论证应该**先**说结论**再**进行解释。
Lùnzhèng yīnggāi **xiān** shuō jiélùn **zài** jìnxíng jiěshì.

关于此事，**先**充分思考，然后**再**决定。
Guānyú cǐ shì, **xiān** chōngfèn sīkǎo, ránhòu **zài** juédìng.

要想出去，**先**做完作业**再**走。
Yào xiǎng chūqu, **xiān** zuòwán zuòyè **zài** zǒu.

现在开始面试，**先**自我介绍，然后**再**坐下。
Xiànzài kāishǐ miànshì, **xiān** zìwǒ jièshào, ránhòu **zài** zuòxia.

别着急，**先**看看情况**再**动手吧。
Bié zháojí, **xiān** kànkan qíngkuàng **zài** dòngshǒu ba.

看来有希望了，咱们**先**休息休息**再**说吧。
Kànlái yǒu xīwàng le, zánmen **xiān** xiūxixiūxi **zài** shuō ba.

---

8. **"先~再说"** は「まずは~しよう」という意味の慣用表現。

"一边～, 一边…。" "一面～, 一面…。"
「～しながら…する。」

🎧 Audio ▶ **52**

---

① テレビを見**ながら**ご飯を食べる**の**は、消化によくありません。

---

② お母さんは料理を作り**ながら**、子供の面倒を見**ます**。

---

③ 車を運転し**ながら**携帯電話をかけないように。とても危ないですよ。

---

④ ガムを噛み**ながら**話を**し**ないで。それはとても失礼だよ。

---

⑤ 彼はコーヒーを飲み**ながら**、インターネットを**やっています**。

---

⑥ 解説者は、テレビで試合を見**ながら**、選手のパフォーマンスを解説**しています**。

---

⑦ 授業では、先生が説明し**ながら**、クラスメートたちがまじめにノートを取っています。

---

⑧ 打ち合わせでは社長が話を**し**ながら、助手がパソコンで実演**しています**。

---

③. **"打手机"** は「携帯電話をかける」という慣用表現。
③. **"太～了"** は「～すぎる」という慣用表現。

☆「〜しながら…する」という意味の慣用表現

① **"一边〜，一边…。"** ……… 1️⃣2️⃣3️⃣4️⃣5️⃣7️⃣

② **"一面〜，一面…。"** ………………… 6️⃣8️⃣

※主語を置く場合、必ず **"一边" "一面"** の前に置かれる。

一边看电视**一边**吃饭对消化不好。
Yìbiān kàn diànshì yìbiān chīfàn duì xiāohuà bù hǎo.

妈妈**一边**做饭**一边**照顾孩子。
Māma yìbiān zuòfàn yìbiān zhàogu háizi.

不要**一边**开车**一边**打手机，太危险了。
Búyào yìbiān kāichē yìbiān dǎ shǒujī, tài wēixiǎn le.

一边嚼口香糖**一边**说话，那太不礼貌了！
Yìbiān jiáo kǒuxiāngtáng yìbiān shuōhuà, nà tài bù lǐmào le!

他**一边**喝咖啡**一边**上网。
Tā yìbiān hē kāfēi yìbiān shàngwǎng.

讲解员在电视上**一面**看比赛**一面**讲解选手的表现。
Jiǎngjiěyuán zài diànshìshang yímiàn kàn bǐsài yímiàn jiǎngjiě xuǎnshǒu de biǎoxiàn.

课上，老师**一边**解释，同学们**一边**认真地做笔记。
Kèshang, lǎoshī yìbiān jiěshì, tóngxuémen yìbiān rènzhēn de zuò bǐjì.

碰头会上总经理**一面**讲话，助手**一面**用电脑演示。
pèngtóuhuìshang zǒngjīnglǐ yímiàn jiǎnghuà, zhùshǒu yímiàn yòng diànnǎo yǎnshì.

53 ▶慣用表現④

"～或者…。""要么～要么…。"

「～（する）か、または…（する）。」

🎧 Audio ▶ **53**

① 今度の卒業旅行で、私たちはハワイ**か**グアムに行きます。

② 勝敗は時の運。勝つ**か**負けるかだ。

③ 消費者は二極化し、安物を買う**か**良質の商品を買うかのどちらかになっています。

④ タクシーはとても高いので、電車**か**バスに乗ります。

⑤ 表の記入は、黒**か**青のペンでお願いします。

⑥ あなたが行っ**ても**、私が行っ**ても**いいですよ。

⑦ 原稿はワード**か** PDF で提出してください。

⑧ 車のエンジンが故障したので、修理に行く**か**、新しいのを買わなければなりません。

⑤ **"填表"** は「表に記入する」という慣用表現。
⑦ **"以～＋動詞 V"** は「…という手段で V する」という慣用表現。

文法をおさえよう

☆ 「〜するか、または…する」という二者択一の選択表現

① "〜或者…"‥‥‥‥‥‥‥‥‥‥‥‥‥‥‥‥‥‥‥ 1 5 6 7
 :「〜（する）か、または…（する）」
 ※ "或者" の後ろには名詞性、動詞性両方の語句が置ける。

② "要么〜要么…"‥‥‥‥‥‥‥‥‥‥‥‥‥‥‥ 2 3 4 8
 :「〜するか、または…する／〜しなければ…しない」
 ※ "要么" の後ろには名詞性の語句は通常置かれない。

这次毕业旅行，我们去夏威夷**或者**关岛。
Zhèicì bìyè lǚxíng, wǒmen qù Xiàwēiyí **huòzhě** Guāndǎo.

输赢都得靠时运。**要么**赢**要么**输。
Shūyíng dōu děi kào shíyùn. **yàome** yíng **yàome** shū.

消费者两极分化，**要么**买便宜货**要么**买优质商品。
Xiāofèizhě liǎngjífēnhuà, **yàome** mǎi piányi huò **yàome** mǎi yōuzhì shāngpǐn.

出租车太贵了，**要么**坐电车**要么**坐公共汽车。
Chūzūchē tài guì le, **yàome** zuò diànchē **yàome** zuò gōnggòng qìchē.

填表要用黑笔**或者**蓝笔。
Tiánbiǎo yào yòng hēibǐ **huòzhě** lánbǐ.

你去**或者**我去都行。
Nǐ qù **huòzhě** wǒ qù dōu xíng.

稿件以 Word 文档**或者** PDF 交上去。
Gǎojiàn yǐ Word wéndàng **huòzhě** PDF jiāoshangqu.

汽车的发动机出了毛病，**要么**去修理**要么**买新的。
Qìchē de fādòngjī chūle máobìng, **yàome** qù xiūlǐ **yàome** mǎi xīn de.

54

▶慣用表現⑤

"一会ル～一会ル…。"

「～したかと思うと…する。」

🎧 Audio ▶ 54

① 弟は学校の勉強を**したかと思うと**、ゲームをしています。本当にどうしようもない。

② 私は最近よく眠れず、うとうと**したかと思うと**目が覚めます。

③ 主人はとても忙しく、帰宅**したかと思うと**また出かけていきます。

④ 彼女の気持ちはハイになっ**たかと思うと**沈んだり、まるで高山の天気みたいです。

⑤ 商売はもうかっ**たり**損し**たり**で、基本的に収支はとんとんです。

⑥ ここ数日寒くなっ**たり**暖かくなっ**たり**で、秋らしくありません。

⑦ あのピッチャーはパフォーマンスがよくなっ**たかと思うと**よくなく**なり**、本当につかみにくいです。

⑧ 試合は、ホームチームが点をとっ**たかと思うと**、相手チームが点を取**り**、両チーム力が匹敵しています。

補足メモ

②. **"睡眠不好"**は「眠りが浅い」という慣用表現。
⑦. **"难以捉摸"**は「つかみどころがない」という慣用表現。

150

☆ "一会儿" を用いた慣用表現

◎ "一会儿～ 一会儿…"：「～したかと思うと…する」
「～したり…したりする」

弟弟**一会儿**做功课**一会儿**玩儿游戏，真没办法。
Dìdi **yìhuǐr** zuò gōngkè **yìhuǐr** wánr yóuxì, zhēn méi bànfǎ.

我最近睡眠不好，**一会儿**迷糊**一会儿**又醒。
Wǒ zuìjìn shuìmián bù hǎo, **yìhuǐr** míhu **yìhuǐr** yòu xǐng.

我先生太忙，**一会儿**回家**一会儿**又出去。
Wǒ xiānsheng tài máng, **yìhuǐr** huíjiā **yìhuǐr** yòu chūqu.

她的情绪**一会儿**高涨**一会儿**低沉，真像高山天气。
Tā de qíngxù **yìhuǐr** gāozhǎng **yìhuǐr** dīchén, zhēn xiàng gāoshān tiānqì.

生意**一会儿**赚**一会儿**亏，基本上收支平衡。
Shēngyì **yìhuǐr** zhuàn **yìhuǐr** kuī, jīběnshang shōuzhī pínghéng.

这几天**一会儿**冷**一会儿**暖和，不像秋天。
Zhè jǐ tiān **yìhuǐr** lěng **yìhuǐr** nuǎnhuo, bú xiàng qiūtiān.

那个投手表现得**一会儿**好**一会儿**不好，真难以捉摸。
Nèige tóushǒu biǎoxiànde **yìhuǐr** hǎo **yìhuǐr** bù hǎo, zhēn nányǐ zhuōmo.

比赛，**一会儿**是主队得分，**一会儿**是客队得分，两队势均力敌。
Bǐsài, **yìhuǐr** shì zhǔduì défēn, **yìhuǐr** shì kèduì défēn, liǎngduì shì jūn lì dí.

⑧. **"势均力敌"** は「お互い力が匹敵している」という慣用表現。

55

▶慣用表現⑥

"〜 , 不然 / 要不 / 否则…。"

「〜しなさい、さもないと…する。」

🎧 Audio ▶ **55**

---

① 早く行きなさい。**でないと**遅刻するよ。

---

② ほどほどにしなさい。**でないと**私も遠慮しないよ。

---

③ 本を読むときは電気をつけなさい。**でないと**目が悪くなるよ。

---

④ 姿勢を正して。**でないと**背骨が曲がっちゃうよ。

---

⑤ きっとだよ、約束したからね。**でないと**絶交だよ。

---

⑥ しっかり勉強しなさい。**そうしないと**落ちこぼれちゃうよ。

---

⑦ 今日すべきことは今日やり終えないと。**そうしないと**後でやりにくくなるよ。

---

⑧ 言う通りにしなさい。**でないと**後がどうなっても知らないよ。

補足メモ

②. **"适可而止"** は「ほどほどにする」という慣用表現。
⑤. **"一言为定"** は「一度約束した以上は必ずそれを守る」という慣用表現。

152

☆「〜しなさい。さもないと…する。」という意味の慣用表現

① "〜, 不然…" ················· ①②③④

② "〜, 要不…" ················· ⑤⑦

③ "〜, 否则…" ················· ⑥⑧

※ "否则" は書き言葉に多く用いられる。

快点儿去！**不然**会迟到的。

Kuài diǎnr qù! **Bùrán** huì chídào de.

适可而止吧，**不然**我也不客气了。

Shì kě ér zhǐ ba, **bùrán** wǒ yě bú kèqi le.

看书的时候应该开灯，**不然**眼睛会不好的。

Kàn shū de shíhou yīnggāi kāi dēng, **bùrán** yǎnjing huì bù hǎo de.

把姿势端正点儿，**不然**脊梁骨会弯曲的。

Bǎ zīshì duānzhèng diǎnr, **bùrán** jǐlianggǔ huì wānqū de.

一言为定，我们约好了啊！**要不**我们就绝交了。

Yì yán wéi dìng, wǒmen yuēhǎole a! **Yàobù** wǒmen jiù juéjiāo le.

要好好儿学习，**否则**会落后的。

Yào hǎohāor xuéxí, **fǒuzé** huì luòhòu de.

今天该做的事今天得办完，**要不**以后会不好办的。

Jīntiān gāi zuò de shì jīntiān děi bànwán, **yàobù** yǐhòu huì bù hǎo bàn de.

你听我的！**否则**后果不堪设想。

Nǐ tīng wǒ de! **Fǒuzé** hòuguǒ bù kān shèxiǎng.

---

⑧. **"后果不堪设想"** は「結果は想像に堪えない」という慣用表現。

"有"＋〔名詞〕＋～,"有"＋〔名詞〕＋…。
N　　　　　　　　　　**N**

「～するＮもあれば（いれば）、…するＮもある」

🎧 Audio ▶ 56

① 元気を出して。事情はこうだけど、成功**する時も**失敗**する時も**あるよ。

② 週末は、家でゆっくり**する時も**あれば、外に遊びに行く**時も**あるよ。

③ 私は朝食欲がなく、朝食を食べる**時も**食べない**時も**あります。

④ ゴールデンウィークは帰省**する人もいれば**、旅行に行く**人もいます**。

⑤ どうでしょうね。好きな**人もいれば**嫌いな**人もいます**。みんなそれぞれ好みがあります。

⑥ この意見には賛成**の人も**反対**の人も**います。あなたはどう思いますか。

⑦ この駅には停まる電車**もあり**ますし、停まらない電車**もあり**ます。

⑧ 商売は売れる月も**あれば**売れない月**もあります**が、まあ何とかやっていけています。

①. **"振作起来"**は「元気を出す」という慣用表現。
⑤. **"各有所好"**は「それぞれ好みがある」という慣用表現。

① **"有时(候)～，有时(候)…"**
：「～する時もあれば、…する時もある。」 ……………… ① ② ③

② **"有人～，有人…"**
：「～する人もいれば、…する人もいる。」 ……………… ④ ⑤ ⑥

③ **"有的～，有的…"**
：「～するものもあれば、…するものもある。」 ……………… ⑦ ⑧

振作起来！事情就是这样，**有时**成功，**有时**会失败。
Zhènzuòqilai! Shìqing jiùshì zhèiyàng, **yǒushí** chénggōng **yǒushí** huì shībài.

周末**有时候**在家里休息，**有时候**出去玩儿。
Zhōumò **yǒu shíhou** zài jiāli xiūxi, **yǒu shíhou** chūqu wánr.

我早上没有胃口，早饭**有时候**吃，**有时候**不吃。
Wǒ zǎoshang méiyou wèikǒu, zǎofàn **yǒu shíhou** chī, **yǒu shíhou** bù chī.

黄金周**有人**回老家，**有人**去旅行。
Huángjīnzhōu **yǒurén** huí lǎojiā, **yǒurén** qù lǚxíng.

怎么说呢，**有人**喜欢，**有人**不喜欢，大家各有所好。
Zěnme shuō ne, **yǒurén** xǐhuan, **yǒurén** bù xǐhuan, dàjiā gè yǒu suǒ hào.

这个意见，**有人**同意，**有人**反对。你怎么想？
Zhèige yìjiàn, **yǒurén** tóngyì, **yǒurén** fǎnduì. Nǐ zěnme xiǎng?

这个车站，电车**有的**停，**有的**不停。
Zhèige chēzhàn, diànchē **yǒude** tíng, **yǒude** bù tíng.

生意**有的**月不错，**有的**月不行，还能维持下去。
Shēngyi **yǒude** yuè bú cuò, **yǒude** yuè bù xíng, hái néng wéichíxiaqu.

57 ▶慣用表現⑧

"与其～，不如…。"

「～というより…した方がいい。」

🎧 Audio ▶ 57

---

① こういう家具は修理する**より**、新しいのを買った**方がいい**ですよ。

---

② 道はこんなにひどい渋滞だから、車で行く**より**歩いた**方がいい**ですよ。

---

③ そんなに嫌なら、我慢する**よりも**思い切って言った**方がいい**。

---

④ 本当にまずい。こんな料理を食べる**くらいなら**、自分で作った方が**まし**だ。

---

⑤ もういい。彼に手伝ってもらう**くらいなら**、まだ自分でやった**方がいい**。

---

⑥ 書き直しなさい。これは論文という**よりも**いい加減な作文といった方がいい。

---

⑦ このブラウスは派手と**いうより**けばけばしいと**いった方がいい**ね。

---

⑧ こんなことするなんて、大胆**というより**無謀だと**いった方がいい**。

補足メモ

②."路上堵得厉害" は「道がひどい渋滞だ」という慣用表現。
⑤."算了" は「もういい」という慣用表現。

156

文法 をおさえよう

☆ "与其～，不如…" を用いた呼応表現

① **"与其～，不如…"**
  :「～するより…した方がいい」‥‥‥‥‥ ①②③④⑤

② **"与其说是～，不如说是…"**
  :「～というより…だ」‥‥‥‥‥‥‥‥‥ ⑥⑦⑧

这种家具**与其**修理，**不如**买个新的。
Zhèi zhǒng jiājù **yǔqí** xiūlǐ, **bù rú** mǎi ge xīn de.

路上堵得这么厉害，**与其**开车去**不如**走着去。
Lùshang dǔde zhème lìhai, **yǔqí** kāichē qù **bù rú** zǒuzhe qù.

那么讨厌的话，**与其**忍耐下去，**不如**干脆说出来。
Nàme tǎoyàn de huà, **yǔqí** rěnnài xiaqu, **bù rú** gāncuì shuōchulai.

真是不好吃，**与其**吃这种菜，**不如**自己做。
Zhēn shì bù hǎochī, **yǔqí** chī zhèi zhǒng cài, **bù rú** zìjǐ zuò.

算了。**与其**请他帮忙，还**不如**自己来做。
Suàn le. **Yǔqí** qǐng tā bāngmáng, hái **bù rú** zìjǐ lái zuò.

要重写! 这**与其**说是论文，**不如**说是敷衍了事的作文。
Yào chóngxiě, zhè **yǔqí** shuō shì lùnwén, **bù rú** shuō shì fū yǎn liǎo shì de zuòwén.

这件衬衫**与其**说是艳丽，**不如**说是花哨!
Zhèi jiàn chènshān **yǔqí** shuō shì yànlì, **bù rú** shuō shì huāshao!

做这样的事，**与其**说是大胆，**不如**说是鲁莽。
Zuò zhèiyàng de shì, **yǔqí** shuō shì dàdǎn, **bù rú** shuō shì lǔmǎng.

---

⑥. **"敷衍了事"** は「いい加減にやりすごす」という慣用表現。

58

▶慣用表現⑨

"越～，越…。"

「～するほどますます…。」

Audio ▶ 58

① 頭が混乱して、考え**れば**考える**ほど**分かりません。

② 彼女は練習す**れば**する**ほど**進歩が早くなっています。

③ もういい。もういい。言え**ば**いう**ほど**逆効果だよ。

④ 彼は年と共に性格が丸くなっています。

⑤ 風は**ますます**強くなりました。

⑥ 本当にどうしようもありません。説得したいと思え**ば**思う**ほど**、彼は意固地になっています。

⑦ 昨日風邪をひいて、せきが**ますます**ひどくなりました。

⑧ 彼の一言で、私は**ますます**怒りました。

③. **"适得其反"** は「逆効果だ」という慣用表現。
④. **"上年纪"** は「年をとる」という慣用表現。

補足メモ

158

☆ 「ますます」という意味の慣用表現

① **"越~越…"**:「~すればするほどますます…」… ①②③④⑤⑥
※主語の置かれる位置は **"越"** の前。後ろは不可。

② **"越来越~"**:「ますます~」 ……………………………… ⑦⑧

脑子很混乱，**越**想**越**不明白。
Nǎozi hěn hùnluàn, **yuè** xiǎng **yuè** bù míngbai.

她**越**练习进步**越**快。
Tā **yuè** liànxí jìnbù **yuè** kuài

算了！算了！你**越**说**越**适得其反。
Suàn le! Suàn le! Nǐ **yuè** shuō **yuè** shì dé qí fǎn.

他**越**上年纪，脾气**越**温和了。
Tā **yuè** shàng niánjì, píqi **yuè** wēnhé le.

风**越**刮**越**大了。
Fēng **yuè** guā **yuè** dà le.

真没办法，你**越**想说服他，他**越**固执了。
Zhēn méi bànfǎ, nǐ **yuè** xiǎng shuōfú tā, tā **yuè** gùzhí le.

昨天我得了感冒，咳嗽**越来越**严重了。
Zuótiān wǒ déle gǎnmào, késou **yuè lái yuè** yánzhòng le.

他一句话使得我**越来越**生气了。
Tā yí jù huà shǐde wǒ **yuè lái yuè** shēngqì le.

---

⑦. **"得感冒"** は「風邪をひく」という慣用表現。

▶慣用表現⑩

"不能不～。" "不得不～。"
"只能～。" "只好～。"
「～するしかない。」「～せざるを得ない。」

🎧 Audio ▶ **59**

---

① 私の立場上、これは指摘**せざるを得ません**。悪く思わないでください。

---

② これは上司の命令なので、従わ**ざるを得ません**。

---

③ 終電もなくなったので、私はタクシーで家に帰ら**ざるを得ません**。

---

④ 飛行機のディスカウントチケットはうまっているので、正規料金で買う**しかありません**。

---

⑤ この店はクレジットカードが使えないので、現金で支払う**しかありません**。

---

⑥ これは私たちにはどうすることもできませんので、彼に無理をお願いする**しかありません**。

---

⑦ このプランには困難が多すぎるので、諦める**しかありません**。

---

⑧ 適任者がいないので、私が責任を持つ**しかありません**。

補足メモ

④. **"订满"** は「(チケット等が)満席だ」という慣用表現。
⑥. **"无能为力"** は「どうすることもできない」という慣用表現。

☆「…するしかない/せざるをえない」という慣用表現

① **"不能不〜"** ……………………………… ①②

② **"不得不〜"** ……………………………… ③④

③ **"只能〜"** ………………………………… ⑤

④ **"只好〜"** ……………………………… ⑥⑦⑧

处在我这个立场上, 这件事**不能不**指出来, 不要恨我。

Chǔzài wǒ zhèige lìchǎngshang, zhèi jiàn shì **bù néng bù** zhǐchulai, búyào hèn wǒ.

这是上级的命令, **不能不**听从。

Zhè shì shàngjí de mìnglìng, **bù néng bù** tīngcóng.

末班车也没了, 我**不得不**打车回家了。

Mòbānchē yě méile, wǒ **bù dé bù** dǎchē huíjiā le.

飞机的特价票都订满了, **不得不**买正规价格票了。

Fēijī de tèjiàpiào dōu dìngmǎnle, **bù dé bù** mǎi zhèngguī jiàgé piào le.

这个商店不能用信用卡, **只能**用现金支付。

Zhèige shāngdiàn bù néng yòng xìnyòngkǎ, **zhǐ néng** yòng xiànjīn zhīfù.

这件事我们无能为力, **只好**勉强他了。

Zhèi jiàn shì wǒmen wú néng wéi lì, **zhǐ hǎo** miǎnqiǎng tā le.

这个计划困难重重, **只好**放弃了。

Zhèige jìhuà kùnnan chóngchóng, **zhǐ hǎo** fàngqì le.

因为没有适当的人选, **只好**由我来负责。

Yīnwèi méiyou shìdàng de rénxuǎn, **zhǐ hǎo** yóu wǒ lái fùzé.

⑧. **"由〜来**＋動詞 **V"** は「〜が V する」という慣用表現。

"不但～，而且…。"

「～（する）だけでなく、さらに…。」

🎧 Audio ▶ **60**

---

① 喫煙は自分の健康を害する**だけでなく、さらに**他人の健康も害します。

---

② この選手は技術レベルが高い**だけでなく、さらに**心理的な素地が素晴らしいです。

---

③ 私の携帯電話はインターネットができるだけ**でなく、**さらにデジカメの機能があります。

---

④ 企業は利潤追求だけ**でなく、**さらに社会貢献もする必要がある。

---

⑤ 私の家では一般放送だけ**でなく、**さらに衛星放送も見ることができます。

---

⑥ このプリンターは印刷だけ**でなく、**さらにスキャンもできます。

---

⑦ あの役者は日本だけ**でなく、**さらに海外でも非常に有名です。

---

⑧ この知らせは、課長が知っているだけ**でなく、**部長の耳にも入っています。

---

④. **"为～做出贡献"** は「～のために貢献する」という慣用表現。
⑧. **"传进～的耳朵里"** は「～の耳に入る」という慣用表現。

☆「～（する）だけでなく、さらに…」という意味の慣用表現

※2つの節の主語が同じである場合、主語は"不但"の前に置く。

※2つの節の主語が異なる場合、節の主語は別々、"不但"、"而且"
の後ろに置く。……………………………………………………②

抽烟**不但**危害自己的健康，**而且**也损害别人的健康。
Chōuyān **búdàn** wēihài zìjǐ de jiànkāng, **érqiě** yě sǔnhài biéren de jiànkāng.

这位选手**不但**技术水平高，**而且**心理素质也很好。
Zhèi wèi xuǎnshǒu **búdàn** jìshù shuǐpíng gāo, **érqiě** xīnlǐ sùzhì yě hěn hǎo.

我的手机**不但**可以上网，**而且**有数码相机的功能。
Wǒ de shǒujī **búdàn** kěyǐ shàngwǎng, **érqiě** yǒu shùmǎ xiàngjī de gōngnéng.

企业**不但**要追求利益，**而且**还要为社会做出贡献。
Qǐyè **búdàn** yào zhuīqiú lìyì, **érqiě** hái yào wèi shèhuì zuòchūgòngxiàn.

我家**不但**能看普通电视，**而且**还能收看卫星电视。
Wǒ jiā **búdàn** néng kàn pǔtōng diànshì, **érqiě** hái néng shōukàn wèixīng diànshì.

这个打印机**不但**能打印，**而且**可以扫描。
Zhèige dǎyìnjī **búdàn** néng dǎyìn, **érqiě** kěyǐ sǎomiáo.

那个演员**不但**在日本**而且**在国外也非常有名。
Nèige yǎnyuán **búdàn** zài Rìběn **érqiě** zài guówài yě fēicháng yǒumíng.

这个消息**不但**科长知道，**而且**还传进部长的耳朵里。
Zhèige xiāoxi **búdàn** kēzhǎng zhīdao, **érqiě** hái chuánjìn bùzhǎng de ěrduoli.

▶慣用表現⑫

"虽然〜，但是 / 可是…。"

「〜であるが…。」

🎧 Audio ▶ **61**

---

① 最近警察官にはスキャンダルが絶えません**が**、まじめに働いている人も多くいます。

---

② 彼は読み書きが得意です**が**、発音はいまいちです。

---

③ UFO を目撃したことのある人は多くいます**が**、科学的には実証されているわけではありません。

---

④ 私はたくさん稼ぎたいと思うのです**が**、待遇の比較的いい仕事が見つかりません。

---

⑤ 彼の話はもっともらしいのです**が**、私はどうしても彼を信頼できません。

---

⑥ 私は彼に休憩するよう勧めたのです**が**、彼はそうしたがりません。

---

⑦ 私は懸命にやってみました**が**、結果はやはりみんなの期待に背いてしまいました。

---

⑧ 彼は売り上げが高いのです**が**、クーリングオフをする人も少なくありません。

補足メモ

④. **"多＋動詞 V"** は「たくさん V する」という慣用表現。
⑤. **"動詞 V ＋着〜"** は「V してみると〜」という慣用表現。

☆「～であるが…」という慣用表現

① 〔主語〕+ **"虽然"** + ～ , **"但是 / 可是"** + …。 ①②④⑤⑧

② **"虽然"** + 〔主語〕+ ～ , **"但是 / 可是"** + …。 ③⑥⑦

※主語は **"虽然"** の前にも後ろにも置くことができる。

※ **"但是 / 可是"** は後ろの文の文頭に置かれる。

最近警察**虽然**丑闻不断，**可是**也有不少人认真工作。

Zuìjìn jǐngchá **suīrán** chǒuwén bú duàn, **kěshì** yě yǒu bù shǎo rén rènzhēn gōngzuò.

他**虽然**善于读写，**可是**发音不怎么样。

Tā **suīrán** shànyú dúxiě, **kěshì** fāyīn bù zěnmeyàng.

虽然有不少人目击过飞碟，**但是**科学上并没有实证。

Suīrán yǒu bù shǎo rén mùjīguo fēidié, **dànshì** kēxuéshang bìng méiyou shízhèng.

我**虽然**想多挣钱，**可是**找不到待遇较好的工作。

Wǒ **suīrán** xiǎng duō zhèng qián, **kěshì** zhǎobudào dàiyù jiào hǎo de gōngzuò.

他的话**虽然**听着有道理，**但是**我总是不能相信他。

Tā de huà **suīrán** tīngzhe yǒu dàoli, **dànshì** wǒ zǒngshì bù néng xiāngxìn tā.

虽然我劝他休息，**可是**他不肯。

Suīrán wǒ quàn tā xiūxi, **kěshì** tā bù kěn.

虽然我拼命去做了，**但**结果还是辜负了大家的期待。

Suīrán wǒ pīnmìng qù zuòle, **dàn** jiéguǒ háishi gūfùle dàjiā de qīdài.

他**虽然**营业额很高，**可是**解除合同者也不少。

Tā **suīrán** yíngyè'é hěn gāo, **kěshì** jiěchú hétongzhě yě bù shǎo.

---

⑦. **"辜负～的期待"** は「～の期待を裏切る」という慣用表現。

"不是〜，而是…。"

「〜ではなく…。」

🎧 Audio ▶ **62**

① 学生の本分はアルバイト**ではなく**、学業だ。

② 環境保護は一国の問題**ではなく**、全世界共通の問題だ。

③ 私が買い物をするとき重視するのは価格**ではなく**、デザインです。

④ 我が校のイメージカラーは赤**ではなく**オレンジです。

⑤ 私たちの待ち合わせの時間は午後3時**ではなく**、2時です。

⑥ 私たちが注文したのはトンカツ定食**ではなく**、天ぷら定食です。

⑦ 違います。明日出発する**のではなく**、明後日出発します。

⑧ 私は行きたくない**のではなく**、行けないのです。

①．**"本分"** の **"分"** は四声。声調に注意。
⑥．**"〜套餐"** は「〜定食」という慣用表現。

☆「〜ではなく…」という慣用表現

◎ "〜" と "…" 部分が名詞の場合
"不是"＋〔名詞〕, **"而是"**＋〔名詞〕:「〜ではなく…。」
　　　　　　　　　　　　　　……… ② ③ ④ ⑤ ⑥

◎ "〜" と "…" 部分が動作の場合
"不是"＋〔動作〕, **"而是"**＋〔動作〕:「〜するのではなく…する。」
　　　　　　　　　　　　　……………… ① ⑦ ⑧

学生的本分**不是**打工，**而是**学习。
Xuésheng de běnfèn **bú shì** dǎgōng, **ér shì** xuéxí.

环保**不是**一个国家的问题，**而是**全球共同的问题。
Huánbǎo **bú shì** yí ge guójiā de wèntí, **ér shì** quánqiú gòngtóng de wèntí.

我在买东西的时候，重视的**不是**价格**而是**图案。
Wǒ zài mǎi dōngxi de shíhou, zhòngshì de **bú shì** jiàgé **ér shì** tú'àn.

代表我校的颜色**不是**红色**而是**橙色。
Dàibiǎo wǒ xiào de yánsè **bú shì** hóngsè, **ér shì** chéngsè.

我们约定见面的时间**不是**下午三点，**而是**两点。
Wǒmen yuēdìng jiànmiàn de shíjiān **bú shì** xiàwǔ sān diǎn, **ér shì** liǎng diǎn.

我们点的**不是**炸猪排套餐，**而是**天妇罗套餐。
Wǒmen diǎn de **bú shì** zházhūpái tàocān, **ér shì** tiānfùluó tàocān.

不对，**不是**明天出发，**而是**后天出发。
Bú duì, **bú shì** míngtiān chūfā, **ér shì** hòutiān chūfā.

我**不是**不想去，**而是**不能去。
Wǒ **bú shì** bù xiǎng qù, **ér shì** bù néng qù.

"又~又…。" "既~又…。"

「~な上に…。」

🎧 Audio ▶ **63**

---

① 彼は賢い**上に**努力家です。

---

② この店の商品は安く**て**品質がいいです。

---

③ 彼はチームではコーチ**でも**あり選手**でも**あります。

---

④ 彼女は綺麗な**上に**性格が温厚です。

---

⑤ この方法はコストも高い**上に**効果もよくないので、非合理的です。

---

⑥ このパソコンは軽く**て**丈夫です。

---

⑦ どうしたの。顔色がよくない**し**、足元がふらついているよ。

---

⑧ 頭が痛く**のど**も痛いので、お休みいたします。

---

④. **"长得"** は日本語に訳すと、「…な容姿である」というニュアンスになります。

⑦. **"怎么了"** は「どうしたの」という慣用表現。

文法 をおさえよう

☆慣用表現 "又～又…" "既～又…"。

◎ "～" と "…" の主語が同じ場合 ………… ①③⑥⑧

◎ "～" と "…" の主語が異なる場合 ………… ②④⑤⑦

※主語は "既" "又" の前。

他**又**聪明**又**努力。

Tā **yòu** cōngming **yòu** nǔlì.

这家商店的商品**既**便宜，质量**又**好。

Zhèi jiā shāngdiàn de shāngpǐn **jì** piányi, zhìliàng **yòu** hǎo.

他在球队里**既**是个教练**又**是个选手。

Tā zài qiúduìli **jì** shì ge jiàoliàn **yòu** shì ge xuǎnshǒu.

她长得**又**漂亮，脾气**又**温柔。

Tā zhǎngde **yòu** piàoliang, píqi **yòu** wēnróu.

这个方法成本**又**高，效果**又**不好，不合理。

Zhèige fāngfǎ chéngběn **yòu** gāo, xiàoguǒ **yòu** bù hǎo, bù hélǐ.

这个电脑**又**轻**又**结实。

Zhèige diànnǎo **yòu** qīng **yòu** jiēshi.

你怎么了？ 脸色**又**不好，走路**又**不稳当。

Nǐ zěnme le? Liǎnsè **yòu** bù hǎo, zǒulù **yòu** bù wěndang.

又是头疼**又**是嗓子疼，我请假了。

Yòu shì tóuténg **yòu** shì sǎngzi téng, wǒ qǐngjià le.

"因为～，所以…。"
「～なので、…。」

🎧 Audio ▶ 64

① 電車が止まった**ので**、時間通りに到着することができません。

② 落雷**のため**、この一帯は停電しています。

③ 料金を払っていない**ため**、私の家のガスは止められています。

④ 契約内容に不満があります**ので**、私は判を押すことはできません。

⑤ 金銭面の条件が合意に至らなかった**ため**、彼はフリーエージェントになる申請をしました。

⑥ 彼がしょっちゅうしつこい**ので**、私はしぶしぶ応じました。

⑦ 私たちはみんな上司に不満を持っています。**なぜなら**彼はえこひいきがひどいからです。

⑧ 私はいっそのことやめた方がいいと思います。**なぜなら**望みがないですから。

補足メモ

④. ⑤. ⑥. 「～なので…」という文は多くの状況で **"因为" "所以"** の一方を用いるのみでも成立します。

☆「〜なので…」という慣用表現

　◎ "因为〜，所以…。" ………………………… 123456

☆「…。なぜならば〜」という慣用表現

　◎ "…。因为〜。" ………………………………… 78

因为电车停了，**所以**不能按时到达。
Yīnwèi diànchē tíngle, **suǒyǐ** bù néng ànshí dàodá.

因为雷击，**所以**这一带停电了。
Yīnwèi léijī, **suǒyǐ** zhè yídài tíngdiàn le.

因为没交使用费，**所以**我家的煤气被中断了。
Yīnwèi méi jiāo shǐyòngfèi, **suǒyǐ** wǒ jiā de méiqì bèi zhōngduàn le.

对合同内容不满，**所以**我不能盖章。
Duì hétong nèiróng bù mǎn, **suǒyǐ** wǒ bù néng gàizhāng.

因为金钱条件没达成协议，他申请当自由球员。
Yīnwèi jīnqián tiáojiàn méi dáchéng xiéyì, tā shēnqǐng dāng zìyóu qiúyuán.

因为他老是纠缠不休，我很不情愿地答应了。
Yīnwèi tā lǎoshì jiūchán bù xiū, wǒ hěn bù qíngyuàn de dāying le.

我们都对上级有意见，**因为**他偏袒太过分了。
Wǒmen dōu duì shàngjí yǒu yìjian, **yīnwèi** tā piāntǎn tài guòfen le.

我想干脆不干了，**因为**没有希望。
Wǒ xiǎng gāncuì bú gàn le, **yīnwèi** méiyou xīwàng.

---

5. **"达成协议"** は「合意に至る」という慣用表現。
6. **"不情愿地…"** は「しぶしぶ…」という慣用表現。

"对～来说 ,…。"

「～について言えば、…。」「～にとっては、…。」

🎧 Audio ▶ **65**

① 王社長**にとって**、今日はおめでたい日です。

② この仕事は、女性に**とっては**負担が少し重いです。

③ 会社に**とって**、社員は最も貴重な財産です。

④ 弊社に**ついて言いますと**、そういう状況はございません。

⑤ この件に**ついて言えば**、当方では把握しておりません。関係部署に
行きお調べください。

⑥ 彼に**とって**、こんなことは本当に朝飯前だ。

⑦ このこと**については**、一般論は通らない。柔軟に対応しなければな
らない。

⑧ このパソコン**については**、海外保証がついています。

補足
メモ

⑤. この部分の**"了解"**は「調査する」という意味。
⑥. **"轻而易举"**は「たやすくできる」という慣用表現。

☆「…について言えば/にとっては」という意味の慣用表現

① "对〜来说，…" ………………………………… 1236
② "对〜而言，…" ………………………………… 45
③ "就〜而言／来说，…" ………………………… 78

※①は話し言葉、書き言葉の双方で用い、②③は主に書き言葉で用いる。

对王总经理来说，今天是个喜庆的日子。
Duì Wáng zǒngjīnglǐ **lái shuō**, jīntiān shì ge xǐqìng de rìzi.

这个工作，**对女的来说**，负担有点儿重。
Zhèige gōngzuò, **duì** nǚde **lái shuō**, fùdān yǒudiǎnr zhòng.

对公司来说，职工是最贵重的财产。
Duì gōngsī **lái shuō**, zhígōng shì zuì guìzhòng de cáichǎn.

对敝公司而言，不存在此类情况。
Duì bì gōngsī **ér yán**, bù cúnzài cǐ lèi qíngkuàng.

对此事而言，我方没掌握。请到有关部门去了解一下。
Duì cǐ shì **ér yán**, wǒfāng méi zhǎngwò. Qǐng dào yǒuguān bùmén qù liǎojiě yíxià.

对他来说，这么点儿事真是轻而易举。
Duì tā **lái shuō**, zhème diǎnr shì zhēn shì qīng ér yì jǔ.

就此事而言，一般见解行不通，必须灵活对应。
Jiù cǐ shì **ér yán**, yìbān jiànjiě xíngbutōng, bìxū línghuó duìyìng.

就这台电脑来说，它附有海外保修。
Jiù zhèi tái diànnǎo **lái shuō**, tā fùyǒu hǎiwài bǎoxiū.

"～是～ , 但是/可是/不过…。"

「～は～だが…。」

🎧 Audio ▶ 66

① 彼は太っている**ことは**太ってはいるの**ですが**、動作が機敏です。

② 彼女はきれいな**ことは**きれい**ですが**、性格がきついです。

③ 部屋は狭い**には**狭いの**ですが**、設備が整っています。

④ 会社は遠い**には**遠いの**ですが**、特急に乗ればすぐに着きます。

⑤ 彼は不器用**には**不器用**ですが**、仕事は非常に勤勉です。

⑥ 怖いこと**は**怖い**けど**、**でも**だからといって避けるわけにはいかないよ。

⑦ このことは面倒な**ことは**面倒**ですが**、避けては通れませんよ。

⑧ この件をみんな知っている**ことは**知っています**が**、誰も触れようとしません。

⑥. **"不能因为～就＋動詞 V"** は「～だからといって V するわけにはいかない」という慣用表現。

174

☆「～は～だが、…」という慣用表現

① "～是～，可是…。" ……………………………… ⓵⓶⓺⓻
② "～是～，但是…。" ……………………………… ⓷⓼
③ "～是～，不过…。" ……………………………… ⓸⓹

※ "但是 / 可是 / 不过"は後ろの文の文頭に置く。

他胖**是**胖，**可是**动作很敏捷。
Tā pàng **shì** pàng, **kěshì** dòngzuò hěn mǐnjié.

她漂亮**是**漂亮，**可是**脾气很厉害。
Tā piàoliang **shì** piàoliang, **kěshì** píqi hěn lìhai.

房子窄**是**窄，**但是**设备很齐全。
Fángzi zhǎi **shì** zhǎi, **dànshì** shèbèi hěn qíquán.

公司远**是**远，**不过**坐特快很快就能到。
Gōngsī yuǎn **shì** yuǎn, **búguò** zuò tèkuài hěn kuài jiù néng dào.

他笨**是**笨，**不过**工作非常勤恳。
Tā bèn **shì** bèn, **búguò** gōngzuò fēicháng qínkěn.

怕**是**怕，**可是**不能因为这一点就放弃。
Pà **shì** pà, **kěshì** bù néng yīnwèi zhèi yì diǎn jiù fàngqì.

这件事麻烦**是**麻烦，**可是**又不能躲过去。
Zhè jiàn shì máfan **shì** máfan, **kěshì** yòu bù néng duǒguoqu.

此事大家知道**是**知道，**但是**谁都不敢提起。
Cǐ shì dàjiā zhīdao **shì** zhīdao, **dànshì** shéi dōu bù gǎn tíqi.

⑦. **"躲过去"**は「避けて通る」という慣用表現。

"好像 / 似乎～（似的）。"

「どうも～したようだ。」

🎧 Audio ▶ **67**

1 あれ、私は何か忘れ物をした**ようだ**。

---

2 私はこの人に見覚えがある。どこかで会ったことがある**ようです**。

---

3 彼の挙動は少し怪しい。どうも私に何か隠している**ようだ**。

---

4 あなたはどうも顔色がよくない**ようです**ね。どこか具合が悪いのですか。

---

5 車が動かない。ガス欠の**ようだ**ね。

---

6 彼は留守**みたい**だ。さっき電話をかけたけど誰も取らなかった。

---

7 最近ずっと運が悪いよ。何か怪物にとりつかれている**みたい**だね。

---

8 このエアコンはもう寿命の**ようです**ね。新しいのに換えましょう。

補足メモ

5. **"没油了"** は「ガス欠になる」という慣用表現。
7. この場合 **"什么"** は「何か」という不定の意味を表します。

☆「どうも～したみたいだ」という意味の慣用表現

① "好像" ＋ ～ ＋ ("似的")。 ……………… 2 3 4 5 8

② "似乎" ＋ ～ ＋ ("似的")。 ……………… 1 6 7

哎呀，我**似乎**忘了什么东西。
Āiyā, wǒ **sìhū** wàngle shénme dōngxi.

我对这个人有点儿印象，**好像**在哪儿见过**似的**。
Wǒ duì zhèige rén yǒu diǎnr yìnxiàng, **hǎoxiàng** zài nǎr jiànguo **shì de**.

他的举止有些可疑，**好像**瞒着我什么**似的**。
Tā de jǔzhǐ yǒuxiē kěyí, **hǎoxiàng** mánzhe wǒ shénme **shì de**.

你**好像**脸色不好，是不是哪儿不舒服？
Nǐ **hǎoxiàng** liǎnsè bù hǎo, shì bu shì nǎr bù shūfu?

车开不动了，**好像**没油了。
Chē kāibudòng le, **hǎoxiàng** méi yóu le.

他**似乎**不在家。我刚才打了电话，没人接。
Tā **sìhū** bú zài jiā.　　Wǒ gāngcái dǎle diànhuà, méi rén jiē.

最近一直很倒霉，**似乎**有什么怪物附体**似的**。
Zuìjìn yìzhí hěn dǎoméi, **sìhū** yǒu shénme guàiwu fùtǐ **shì de**.

这个空调**好像**已经到年头了，换台新的吧。
Zhèige kōngtiáo **hǎoxiàng** yǐjīng dào niántóu le, huàn tái xīn de ba.

"有点儿~" "~一点儿"

「少し~」

🎧 Audio ▶ **68**

---

① この料理は**少し**辛いので、私の口に合いません。

---

② 量が**少し**多いので、私は食べきれません。

---

③ この要求は彼には**少し**厳しいことだろうな。

---

④ この方が**少し**安いので、私はこれを買います。

---

⑤ 今日は昨日より**少し**寒いですね。1枚多く着ましょう。

---

⑥ **少し**食べなさいよ。栄養を取らなきゃ。

---

⑦ あら、財布を忘れました。**少し**お金を貸してくれませんか。

---

⑧ この料理は塩を**少し**入れると味が**少し**よくなります。

---

① **"不合…的口味儿"** は「…の口に合わない」という慣用表現。
⑧ **"放"** は「(調味料を)入れる」という動詞。

☆「少し〜」という意味の慣用表現

① **"有点儿"** + 〔形容詞〕:「少し〜」………………………… ①②③
② 〔形容詞〕+ **"一点儿"**:「少し〜」 …………………………… ④⑤
③ 〔動詞V〕+ **"一点儿"** + 〔名詞〕:「少し〜を V する」… ⑥⑦⑧

例: **"放"** + **"一点儿"** + **"盐"**:「少し塩を入れる」 …………… ⑧

这个菜**有点儿**辣,不合我的口味儿。
Zhèige cài **yǒudiǎnr** là, bù hé wǒ de kǒuwèir.

量**有点儿**多,我吃不完。
Liàng **yǒudiǎnr** duō, wǒ chībuwán.

这个要求对他难免**有点儿**苛刻。
Zhèige yāoqiú duì tā nánmiǎn **yǒudiǎnr** kēkè.

这个便宜**一点儿**,我买这个。
Zhèige piányi **yìdiǎnr**, wǒ mǎi zhèige.

今天比昨天冷**一点儿**,多穿一件衣服吧。
Jīntiān bǐ zuótiān lěng **yìdiǎnr**, duō chuān yí jiàn yīfu ba.

吃**一点儿**吧,应该摄取营养。
Chī **yìdiǎnr** ba, yīnggāi shèqǔ yíngyǎng.

哎呀,我忘了带钱包,能不能借给我**一点儿**钱?
Āiyā, wǒ wàngle dài qiánbāo, néng bu néng jiègěi wǒ **yìdiǎnr** qián?

这个菜放了**一点儿**盐,味道就好**一点儿**了。
Zhèige cài fàngle **yìdiǎnr** yán, wèidao jiù hǎo **yìdiǎnr** le.

"非〜不可。"

「ぜひ〜しなければならない。」

🎧 Audio ▶ **69**

---

① 私は**ぜひ**このチャンスをつかま**なければなりません**。

---

② この事は、**ぜひ**彼に伝え**ないといけません**。

---

③ 人と付き合うのは、相手を思いやら**なければなりません**。

---

④ ご飯を作るときは、栄養バランスを**考えないといけません**。

---

⑤ ルールに違反すると当然罰せられます。

---

⑥ 公金を横領しないように。さもなければ首になるのは免れません。

---

⑦ 負けを認められるか。られない。私は**ぜひとも**勝ち**たいのです**。

---

⑧ ここは私に任せてくれればいいです。私は**ぜひ**責任をまっとう**したいと思います**。

---

①. **"抓住机会"** は「チャンスをつかむ」という慣用表現。
⑥. **"炒鱿鱼"** は「首になる」という慣用表現。

180

☆慣用表現 "非〜不可"

① 「ぜひ〜しなければならない」 ・・・・・・・・・・・・・ ①②③④⑤⑥

② 「ぜひ〜したいと思う」 ・・・・・・・・・・・・・・・・・・・・・・・・・・・⑦⑧

※②の場合、主語は一人称 "我" となる。

我**非**抓住这个机会**不可**。
Wǒ **fēi** zhuāzhù zhèige jīhuì **bù kě**.

这件事**非**告诉他**不可**。
Zhèi jiàn shì **fēi** gàosu tā **bù kě**.

和人交往，**非**体谅对方**不可**。
Hé rén jiāowǎng, **fēi** tǐliàng duìfāng **bù kě**.

做饭**非**考虑营养平衡**不可**。
Zuòfàn **fēi** kǎolǜ yíngyǎng pínghéng **bù kě**.

违反规则**非**挨惩罚**不可**。
Wéifǎn guīzé **fēi** ái chéngfá **bù kě**.

不要贪污公款，不然**非**被炒鱿鱼**不可**。
Bú yào tānwū gōngkuǎn, bùrán **fēi** bèi chǎoyóuyú **bù kě**.

能认输吗？ 不能，我**非**赢**不可**。
Néng rènshū ma? Bùnéng, wǒ **fēi** yíng **bù kě**.

这里交给我好了。 我**非**尽到责任**不可**。
Zhèli jiāogěi wǒ hǎo le.　Wǒ **fēi** jìndào zérèn **bù kě**.

"非得～。"

「必ず～しようとする。」

🎧 Audio ▶ **70**

① 医者がどんなに忠告しても、彼は聞かず、試合に出場**しようとします**。

② 冬の「大間の海」では、**必ず**マグロを釣りあげ**よう**という多くの漁師がいます。

③ 可能性が低くても、私たちは**必ず**チャレンジしてみる**つもり**です。

④ 心配しないでください。この活動は**必ず**成功させ**ます**から。

⑤ 合格したければ、60 点以上とら**なければなりません**。

⑥ 相撲の力士の新弟子検査は、80 キロ以上**ないと**合格**しません**。

⑦ 病気がここまで悪化したら、手術**しないと**助から**ない**ね。

⑧ このことはあなたがみんなに謝っ**てこそ**、許しを得られるかもしれない。

②.**"釣上"**は「釣り上げる」という意味。
⑦.**"動詞 V ＋到～地步"**は「～という程度にまで V する」という意味。

☆慣用表現 "非得～" など

◎ "非得／非要／非～。":「必ず～しようとする。」 1️⃣2️⃣3️⃣4️⃣

◎ "非～不…。":「(Sは) ～しないと…しない。」 ············· 5️⃣6️⃣

◎ "非／非得～才…。":「(Sは) ～してこそ…/～しないと…しない。」
············· 7️⃣8️⃣

医生怎么劝告，他也不听，**非得**出场比赛。
Yīshēng zěnme quàngào, tā yě bù tīng, **fēiděi** chūchǎng bǐsài.

冬天的"大间海"，有很多渔夫**非要**钓上金枪鱼。
Dōngtiān de Dàjiānhǎi, yǒu hěn duō yúfū **fēiyào** diàoshang jīnqiāngyú

就是可能性不大，我们也**非得**去挑战。
Jiùshì kěnéngxìng bú dà, wǒmen yě **fēiděi** qù tiǎozhàn.

别担心。这次行动我**非**搞成功。
Bié dānxīn. Zhèicì xíngdòng wǒ **fēi** gǎo chénggōng.

要想合格**非得**六十分以上**不**行。
Yào xiǎng hégé **fēi** dé liùshí fēn yǐshàng bù xíng.

相扑力士新弟子选拔，**非**到八十公斤**不**合格。
Xiāngpū lìshì xīn dìzǐ xuǎnbá, **fēi** dào bāshí gōngjīn bù hégé.

病情恶化到这个地步，**非**做手术**才**能得救。
Bìngqíng èhuàdào zhèige dìbù, **fēi** zuò shǒushù cái néng déjiù.

这件事你**非得**向大家道歉，**才**有可能获得原谅。
Zhèi jiàn shì nǐ **fēiděi** xiàng dàjiā dàoqiàn, cái yǒu kěnéng huòdé yuánliàng.

"难怪/怪不得～,原来…。"

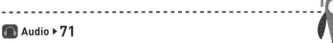

「どうりで～なわけだ、なんだ…だったのか。」

🎧 Audio ▶ **71**

---

① 誰かと思ったら、**なんだ**あなただったのか。

---

② こういうこと**だったのか**。私は今になってやっと分かりました。

---

③ **どうりで**お腹痛くなる**わけです**よ。たくさん食べましたね。

---

④ **どうりで**彼が怒る**わけです**よ。あなた言いすぎですよ。

---

⑤ **どうりで**あのピッチャーの防御率はこんなに低い**わけだ**、**なんだ**彼はノーコンなんだ。

---

⑥ この料理は**どうりで**おいしい**わけだ**。**なんだ**彼女が作ったの。

---

⑦ **なんだ**あなたは中国で育ったのですか。**どうりで**中国語がこんなに流暢なわけだ。

---

⑧ **どうりで**歩けないわけだ。**なんだ**足が骨折しているとは。

補足メモ

① **"我以为是谁"** は「誰だと思ったら」という慣用表現。
② **"原来如此"** は「こういうことだったのか」という慣用表現。

184

 **文法**をおさえよう

① **"难怪 / 怪不得"**＋～＋[出来事]:「どうりで～なわけだ。」

 .... ③④⑤⑥⑦⑧

② **"原来"**＋…＋[根拠]:「なんだ…だったのか。」… ①②⑤⑥⑦⑧

※ **"难怪 / 怪不得"** と **"原来"** は以下のセットで用いることが多い。

 "难怪 /怪不得～，原来…" .... ⑤⑥⑧

 もしくは **"原来～，难怪 /怪不得…"** .... ⑦

我以为是谁呢，**原来**是你。
Wǒ yǐwéi shì shéi ne, **yuánlái** shì nǐ.

原来如此，我至今才明白。
Yuánlái rúcǐ, wǒ zhìjīn cái míngbai.

难怪肚子疼，你吃得太多了。
Nánguài dùzi téng, nǐ chīde tài duō le.

怪不得他生气了，你说得太过分了。
Guàibude tā shēngqì le, nǐ shuōde tài guòfen le.

难怪那个投手的防御率这么低，**原来**是他没控球力。
Nánguài nèige tóushǒu de fángyùlǜ zhème dī, **yuánlái** shì tā méi kòngqiúlì.

这个菜**怪不得**这么好吃，**原来**是她做的。
Zhèige cài **guàibude** zhème hǎochī, **yuánlái** shì tā zuò de.

原来你是在中国长大的，**难怪**汉语说得这么流利。
Yuánlái nǐ shì zài Zhōngguó zhǎngdà de, **nánguài** Hànyǔ shuōde zhème liúlì.

怪不得你走不动，**原来**是腿骨折了。
Guàibude nǐ zǒubudòng, **yuánlái** shì tuǐ gǔzhé le.

▶慣用表現㉓

"一则〜，二则…。""一来〜，二来…。"
「1つには〜、2つには…。」

🎧 Audio ▶ 72

① 私が二の足を踏むのは、**1つには**人材不足、**2つには**経費不足です。

② 彼が配置換えを希望しているのは、**1つには**待遇、**2つには**人間関係があります。

③ 私が旅行に行くのが好きではないのは、**1つには**とても疲れるし、**2つには**お金がかかるからです。

④ 私が英語を勉強するのは、**1つには**非常に好きであることと、**2つには**就職のためです。

⑤ 私が李君を推薦するのは、**1つには**彼は能力があり、**2つには**人柄もすばらしいからです。

⑥ 私がやりたくないのは、**1つには**リスクがとても高いことと、**2つには**成果が低いからです。

⑦ 彼女が毎日ジョギングをするのは、**1つには**ダイエットのため、**2つには**健康維持のためです。

⑧ 私がクレジットカードを使用するのは、**1つには**利便性、**2つには**ポイントがたまるからです。

> **補足メモ**
> ①. **"犹豫不前"** は「ためらって前に進まない」という慣用表現。
> ⑧. **"累积分数"** は「ポイントをためる」という慣用表現。

☆根拠を挙げるときに用いる慣用表現

「1つには～、2つには…」

① "一则～，二则…" …………… 1 2 5 6

② "一来～，二来…" …………… 3 4 7 8

我犹豫不前，**一则**人才不足，**二则**经费不足。
Wǒ yóuyù bù qián, **yī zé** réncái bù zú, **èr zé** jīngfèi bù zú.

他希望换单位，**一则**是待遇，**二则**是人际关系。
Tā xīwàng huàn dānwèi, **yī zé** shì dàiyù, **èr zé** shì rénjì guānxi.

我不喜欢去旅游，**一来**太累，**二来**费钱。
Wǒ bù xǐhuan qù lǚyóu, **yī lái** tài lèi, **èr lái** fèi qián.

我学习英语，**一来**是非常喜欢，**二来**是为了找工作。
Wǒ xuéxí Yīngyǔ, **yī lái** shì fēicháng xǐhuan, **èr lái** shì wèile zhǎo gōngzuò.

我推荐小李，**一则**他有能力，**二则**为人也不错。
Wǒ tuījiàn Xiǎolǐ, **yī zé** tā yǒu nénglì, **èr zé** wéirén yě bú cuò.

我不愿意做，**一则**风险太大，**二则**成果小。
Wǒ bú yuànyi zuò, **yī zé** fēngxiǎn tài dà, **èr zé** chéngguǒ xiǎo.

她每天跑步，**一来**为减肥，**二来**为保持健康。
Tā měitiān pǎobù, **yī lái** wèi jiǎnféi, **èr lái** wèi bǎochí jiànkāng.

我用信用卡，**一来**是方便，**二来**可以累积分数。
Wǒ yòng xìnyòngkǎ, **yī lái** shì fāngbiàn, **èr lái** kěyǐ lěijī fēnshù.

"难道～吗？"

「まさか～ではないだろう。」

🎧 Audio ▶ 73

① あなた**まさか**私の頼みを断るのではないでしょう**ね**。

② いい度胸ですね。**まさか**私に勝てると思っているの**か**。

③ 彼にこんなことを言われて、**まさか**あなたむかむかしないの**か**。

④ これは千載一遇のチャンスだ、**まさか**棒に振るつもりじゃないですよね。

⑤ あなた、**まさか**私の言いつけをほったらかしにするのではないでしょう**ね**。

⑥ まさか。**まさか**彼は私をだましているわけじゃないよ**ね**。

⑦ 今さら何を言っているの。**まさか**途中で投げ出すのではないです**ね**。

⑧ 彼は最近私によそよそしいね。**まさか**彼の恨みを買ったわけじゃないよ**ね**。

---

②. "好大的胆子" は「いい度胸ですね」という慣用表現。。
④. "百年不遇的好机会" は「千載一遇のチャンス」という慣用表現。

☆主語は "难道" の前にも（①⑤⑦）、後にも（②③⑥⑧）置くことができる。

例 "你难道～"：「あなたまさか～」⋯⋯⋯⋯⋯ ①⑤⑦

　　"难道你～"：「まさかあなた～」⋯⋯⋯⋯⋯ ②③

你**难道**拒绝我的请求**吗**？

Nǐ **nándào** jùjué wǒ de qǐngqiú **ma**?

好大的胆子！　**难道**你以为打得过我**吗**？

Hǎo dà de dǎnzi!　**Nándào** nǐ yǐwéi dǎdeguò wǒ **ma**?

让他说出这样的话，**难道**你不觉得恶心**吗**？

Ràng tā shuōchū zhèiyàng de huà, **nándào** nǐ bù juéde ěxīn **ma**?

这是百年不遇的好机会，**难道**想坐失良机**吗**？

Zhè shì bǎi nián bú yù de hǎo jīhuì, **nándào** xiǎng zuòshī liángjī **ma**?

对我的嘱咐，你**难道**置之不理**吗**？

Duì wǒ de zhǔfù, nǐ **nándào** zhì zhī bù lǐ **ma**?

不可能，**难道**他会骗我**吗**？

Bù kěnéng, **nándào** tā huì piàn wǒ **ma**?

事到如今还说什么？　你**难道**要半途丢弃**吗**？

Shì dào rú jīn hái shuō shénme? Nǐ **nándào** yào bàntú diūqì **ma**?

他最近好像有意疏远我，**难道**是我得罪他了？

Tā zuìjìn hǎoxiàng yǒuyì shūyuǎn wǒ, **nándào** shì wǒ dézuì tā le?

---

⑧. **"得罪～"** は「～の恨みを買う」という慣用表現。

▶慣用表現㉕

"要 / 就要 / 快要 / 快～了。"

「もうすぐ～する。」

🎧 Audio ▶ **74**

---

① 彼女は来月結婚**します**。

---

② 飛行機は**もうすぐ**降下**します**。座席をもとの位置にお戻しください。

---

③ 私の運転免許証は**もうすぐ**期限切れなので、書き換えにいかないといけません。

---

④ 時間が経つのが本当に早い。今年も**もうすぐ**終わろうと**しています**。

---

⑤ 早く。早く。試合は**もうすぐ**始まり**ます**。

---

⑥ 彼は来年３月に高校を卒業し**ます**。

---

⑦ 明日帰国します**ので、彼にお別れを言いに行きます。

---

⑧ **もうすぐ**妻の誕生日なので、何か彼女にプレゼントを買わなければなりません。

---

⑥.⑦.「もうすぐ～する」という語句の前に「３月」のように時間を表す言葉を置く場合、「もうすぐ」に相当する言葉は **"就要"** しか用いることができません。

☆「もうすぐ〜する」という慣用表現

① "要〜了?" ……………… [4]
② "就要〜了?" ……… [1][5][6][7]
③ "快要〜了?" …………… [2][3]
④ "快〜了?" ……………… [8]

※主語は "要／就要／快要／快" の前に置く。

她下个月**就要**结婚**了**。
Tā xià ge yuè **jiù yào** jiéhūn le.

飞机**快要**降落**了**，请把座位调到原来的位置。
Fēijī **kuài yào** jiàngluò le, qǐng bǎ zuòwèi tiáodào yuánlái de wèizhi.

我的驾驶执照**快要**到期**了**，得去更换。
Wǒ de jiàshǐ zhízhào **kuài yào** dàoqī le, děi qù gēnghuàn.

时间过得真快！今年也**要**结束**了**。
Shíjiān guòde zhēn kuài! Jīnnián yě **yào** jiéshù le.

快点儿，快点儿！比赛**就要**开始**了**。
Kuài diǎnr, kuài diǎnr! Bǐsài **jiù yào** kāishǐ le.

他明年三月份**就要**高中毕业**了**。
Tā míngnián sānyuèfen **jiù yào** gāozhōng bìyè le.

明天**就要**回国**了**，我去向他道个别。
Míngtiān **jiù yào** huíguó le, wǒ qù xiàng tā dào ge bié.

快到妻子的生日**了**，我要给她买点儿礼物。
kuài dào qīzi de shēngri le, wǒ yào gěi tā mǎi diǎnr lǐwù.

"宁可～也…。"

「～してでも…。」

🎧 Audio ▶ **75**

① この仕事は、睡眠を少なく**してでも**、明日の早朝には完成させます。

② くだらない話はよせ。死ん**だって**お前なんかに頭を下げないぞ。

③ これはレアものなので、お金をはたい**ても**手に入れたいです。

④ 私は稼ぎが減っ**ても**、こんな重労働やりたくないよ。

⑤ 私は自分のプライドを捨て**てでも**、優勝のために全力を尽くします。

⑥ ここは瀬戸際です。無理をし**てでも**頑張りつづけなくてはいけません。

⑦ 気分が悪いなら、少し休息し**ても**、くれぐれも無理はしてはいけません。

⑧ 防災用品は、一年中使うことがなく**ても**、一日たりとも用意しておかないわけにはいきません。

> **補足メモ**
>
> ①．**"少睡点儿"**は「睡眠を削る」という慣用表現。
> ④．**"少挣点儿钱"**は「稼ぎが減る」という慣用表現。

☆ **"宁可"** を用いた表現

① **"宁可~也要…。"**：「～してでも、…しようとする。」
.... 135 6

② **"宁可~也不…。"**：「～してでも、…しない。」 24

③ **"宁可~，不能…。"**：「～してでも、…してはいけない」 78

这个任务，**宁可**少睡点儿**也**要在明天一早完成。
Zhèige rènwu, **nìngkě** shǎo shuì diǎnr **yě** yào zài míngtiān yì zǎo wánchéng.

废话少说，**宁可**死了**也**不会屈服于你。
Fèihuà shǎo shuō, **nìngkě** sǐle **yě** bú huì qūfúyú nǐ.

这是珍贵的东西，**宁可**多花钱**也**要买到手。
Zhè shì zhēnguì de dōngxi, **nìngkě** duō huā qián **yě** yào mǎidao shǒu.

我**宁可**少挣点儿钱**也**不想干这种重活儿。
Wǒ **nìngkě** shǎo zhèng diǎnr qián **yě** bù xiǎng gàn zhèi zhǒng zhòng huór.

我**宁可**放弃自尊心**也**要为获得冠军而全力以赴。
Wǒ **nìngkě** fàngqì zìzūnxīn **yě** yào wèi huòdé guànjūn ér quánlì yǐ fù.

这是紧要关头，**宁可**委屈自己**也**要坚持下去。
Zhè shì jǐnyào guāntóu, **nìngkě** wěiqu zìjǐ **yě** yào jiānchíxiaqu.

如果身体不舒服，**宁可**休息一下，千万**不能**硬着干。
Rúguǒ shēntǐ bù shūfu, **nìngkě** xiūxi yíxià, qiānwàn **bù néng** yìngzhe gàn.

防灾用品，**宁可**常年不用，**不能**一日不预备。
Fángzāi yòngpǐn, **nìngkě** chángnián búyòng, **bù néng** yírì bú yùbèi.

---

6 **"委屈自己"** は直訳すると「自分に辛い思いをさせる」となります。

50音順

フレーズ
トレーニング

ここでは本文のセンテンス(文)中で使用している フレーズ（句）を50音順に「日本語⇒中国語」で配列してあります。音声を聴いて覚えましょう。このトレーニングをすることで本文の作文がしやすくなります。

【あ】

□ あなたたちの好きにさせる	⇒ 让你们随心所欲 ràng nǐmen suíxīnsuǒyù	38- ⑤
□ あなたのことを怒っている	⇒ 生你的气 shēng nǐ de qì	3- ③
□ あなたの考え通りにやる	⇒ 按你的想法去办 àn nǐ de xiǎngfa qù bàn	39- ⑥
□ あなたの住所を残す	⇒ 留下你的地址 liúxia nǐ de dìzhǐ	24- ①
□ あなたの勝手にする	⇒ 随你的便 suí nǐ de biàn	3- ⑤
□ あなたの真意が分かりかねる	⇒ 听不出你的意思来 tīngbuchū nǐ de yìsi lái	31- ①
□ あなたの成績では	⇒ 看你的成绩 kàn nǐ de chéngjì	1- ④
□ あなたを手伝う	⇒ 帮你的忙 bāng nǐ de máng	1- ①
□ あなたを手伝えない	⇒ 帮不了你的忙 bāngbuliǎo nǐ de máng	1- ①
□ アメリカに出張する	⇒ 到美国出差 dào Měiguó chūchāi	1- ⑤
□ 歩み寄る	⇒ 走上去 zǒushangqu	28- ⑦
□ 歩みを止める	⇒ 停下脚步 tíngxia jiǎobù	24- ⑦
□ 洗い落とせない	⇒ 洗不掉 xǐbudiào	22- ⑤
□ 歩けない	⇒ 走不动 zǒubudòng	22- ⑦

197

☐ 暗記できない	⇒ 背不下来 bèibuxiàlai	29-④
☐ アンケート用紙に書く	⇒ 写在问卷上 xiězài wènjuànshang	47-⑤
☐ 安心できない	⇒ 放心不下 fàngxīnbuxià	24-⑧
☐ 安全に気をつける	⇒ 注意安全 zhùyì ānquán	18-②

🎧 Audio ▶ 77　　　　【い】

☐ 言いすぎる	⇒ 说得太过分 shuōde tài guòfen	71-④
☐ いい度胸	⇒ 好大的胆子 hǎo dà de dǎnzi	73-②
☐ 家でゆっくりする	⇒ 在家里休息 zài jiāli xiūxi	56-②
☐ 家に忍び込む	⇒ 溜进家里来了 liūjìn jiāli lái le	19-⑤
☐ 息が元に戻らない	⇒ 喘不过气来 chuǎnbuguò qì lái	32-⑦
☐ 行きすぎる	⇒ 走过头 zǒuguòtóu	29-⑤
☐ （運転して）行きすぎる	⇒ 开过头 kāiguòtóu	32-④
☐ いくつか柿をもぐ	⇒ 摘下几个柿子 zhāixia jǐ ge shìzi	24-④

□ いくつか補充する	⇒ 补上来几个 bǔshanglai jǐ ge	28- 4
□ いくら見ても～	⇒ 再怎么看也～ zài zěnme kàn yě	25- 1
□ 忙しくてたまらない	⇒ 忙得要命 mángde yàomìng	6- 2
□ 忙しくて手が回らない	⇒ 忙不过来 mángbuguòlai	32- 8
□ 1 時間早く出勤する	⇒ 提前一个小时上班 tíqián yí ge xiǎoshí shàngbān	5- 7
□ 一度も化粧をしたことがない	⇒ 一次妆也没有化过 yí cì zhuāng yě méiyou huàguo	45- 6
□ 一度言ったら守る	⇒ 一言为定 yì yán wéi dìng	55- 5
□ 一年中使うことがない	⇒ 常年不用 chángnián bú yòng	75- 8
□ 1 枚多く着る	⇒ 多穿一件衣服 duō chuān yíjiàn yīfu	68- 5
□ 1 カ月月出張する	⇒ 出一个月的差 chū yí ge yuè de chāi	1- 5
□ 一家を養うことができない	⇒ 养不起全家 yǎngbuqǐ quánjiā	27- 6
□ 一生懸命にやる	⇒ 拼命去做 pīnmìng qù zuò	61- 7
□ 1 分だって待てない	⇒ 一分钟也不能等了 yì fēnzhōng yě bùnéng děng le	45- 8
□ 一歩も動けない	⇒ 一步也走不动 yíbù yě zǒubudòng.	42- 8

199

□ 一風呂浴びる	⇒ 洗个澡 xǐ ge zǎo	3-⑦
□ 今まで忙しくしている	⇒ 忙到现在 mángdào xiànzài	20-⑤
□ いやなことがある	⇒ 有不开心的事 yǒu bù kāixīn de shì	40-①

🎧 Audio ▶ 78　　　【う】

□ 後ろを見る	⇒ 往后看 wǎng hòu kàn	24-⑦
□ うそをついたことがある	⇒ 撒过谎 sāguo huǎng	3-②
□ 歌を歌うのがうまくない	⇒ 歌唱得不好 gē chàngde bù hǎo	5-②
□ 腕が上がらない	⇒ 抬不起胳膊 táibuqǐ gēbo	9-①
□ うまく言えない	⇒ 说不好 shuōbuhǎo	21-⑧
□ うまく調整できない	⇒ 很难调整好 hěn nán tiáozhěnghǎo	21-⑦
□ うまく答えられない	⇒ 回答不出来 huídábuchūlái	31-④
□ うやむやにする	⇒ 敷衍过去 fūyǎnguoqu	33-⑤
□ 売り上げが高い	⇒ 营业额很高 yíngyè'é hěn gāo	61-⑧

□ 嬉しくてたまらない	⇒ 高兴得不得了　6-③ gāoxìngde bùdéliǎo
□ 上着を脱ぐ	⇒ 脱下上衣　24-③ tuōxia shàngyī
□ うんざりした顔	⇒ 厌烦的表情　25-⑦ yànfán de biǎoqíng

🎧 Audio ▶ 79　　【え】

□ 英語が流暢	⇒ 英语说得很流利　5-③ Yīngyǔ shuōde hěn liúlì
□ 栄養バランスを考える	⇒ 考虑营养平衡　69-④ kǎolǜ yíngyǎng pínghéng
□ 栄養を取る	⇒ 摄取营养　68-⑥ shèqǔ yíngyǎng
□ えこひいきがひどい	⇒ 偏袒太过分　64-⑦ piāntǎn tài guòfen

🎧 Audio ▶ 80　　【お】

□ 追いつけない	⇒ 追不上　23-① zhuībushàng
□ 大きなこぶができた	⇒ 长出了一个包　12-⑥ zhǎngchūle yí ge bāo
□ 大きなほくろがある	⇒ 长着一个大黑痣11-⑤ zhǎngzhe yí ge dà hēizhì

🎧 Audio ▶ 81　　　　【か】

□ 海外保証	⇒ 海外保修 hǎiwài bǎoxiū	65-⑧
□ 会議が早い	⇒ 会议开得早 huìyì kāide zǎo	5-⑦
□ 買えない	⇒ 买不起 mǎibuqǐ	27-⑤
□ 顔がはれ上がる	⇒ 脸上肿起来 liǎnshang zhǒngqilai	2-②
□ 顔中はれ上がる	⇒ 满脸都肿起来 mǎn liǎn dōu zhǒngqilai	14-⑧
□ 科学的には実証されていない	⇒ 科学上没有实证 kēxuéshang méiyou shízhèng	61-③
□ ガス欠	⇒ 没油了 méi yóu le	67-⑤
□ 肩こりがとてもひどい	⇒ 肩膀酸疼得太厉害 jiānbǎng suānténgde tài lìhai	9-①
□ 貸して	⇒ 借给我 jiègěi wǒ	16-⑦
□ 買ってくる	⇒ 买回来 mǎihuilai	17-⑥
□ 敵わない	⇒ 比不过 bǐbuguò	26-⑤
□ 金をはたく	⇒ 多花钱 duō huāqián	75-③
□ 可能性が低い	⇒ 可能性不大 kěnéngxìng bú dà	70-③

🎧 Audio ▶ 82　　　　　　【き】

□ 偽装が本当に巧妙	⇒ 伪装得真巧妙　42-2
	wěizhuāngde zhēn qiǎomiào
□ 気持ちが沈む	⇒ 情绪低沉　　　54-4
	qíngxù dīchén
□ 気持ちがハイになる	⇒ 情绪高涨　　　54-4
	qíngxù gāozhǎng
□ 気持ちが落ち着いていない	⇒ 情绪不稳定　　48-6
	qíngxù bù wěndìng
□ 逆効果になる	⇒ 适得其反　　　58-3
	shì dé qí fǎn
□ 休憩するよう勧める	⇒ 劝他休息　　　61-6
	quàn tā xiūxi
□ 給与を返上する	⇒ 把工资退回去　40-8
	bǎ gōngzī tuìhuiqu
□ 挙動が怪しい	⇒ 举止可疑　　　67-3
	jǔzhǐ kěyí
□ きれいにおめかししている	⇒ 打扮得漂漂亮亮的 10-7
	dǎbande piàopiaoliàngliàng de
□ きれいに掃除してある	⇒ 打扫得干干净净的 10-6
	dǎsǎode gānganjìngjìng de
□ きれいにならない	⇒ 洗不干净　　　8-5
	xǐbugānjìng

【く】

🎧 Audio ▶ 84　　【け】

□ 計画性がない	⇒ **没有计划性** méiyou jìhuàxìng	5- 6
□ 警戒を強める	⇒ **提高警惕** tígāo jǐngtì	46- 3
□ 契約内容に不満がある	⇒ **对合同内容不满** duì hétong nèiróng bù mǎn	64- 4
□ ゲームをする	⇒ **玩儿游戏** wánr yóuxì	54- 1
□ けんかしたことがない	⇒ **没吵过架** méi chǎoguo jià	1- 7
□ 元気を出す	⇒ **振作起来** zhènzuòqilai	56- 1
□ 現金で支払う	⇒ **用现金支付** yòng xiànjīn zhīfù	59- 5
□ 健康維持	⇒ **保持健康** bǎochí jiànkāng	72- 7

🎧 Audio ▶ 85　　【こ】

□ 公金を横領する	⇒ **贪污公款** tānwū gōngkuǎn	69- 6
□ 高校を卒業する	⇒ **高中毕业** gāozhōng bìyè	74- 6
□ こうしていく	⇒ **这样下去** zhèiyàng xiaqu	31- 7

🎧 Audio ▶ 86　　　【さ】

【し】

☐ 試合が延期になる	⇒ 比赛延期 bǐsài yánqī	37-③
☐ 塩を少し入れる	⇒ 放一点儿盐 fàng yìdiǎnr yán	68-⑧
☐ 時間通りに到着する	⇒ 按时到达 ànshí dàodá	64-①
☐ 時間に余裕がない	⇒ 时间紧张 shíjiān jǐnzhāng	15-⑥
☐ 仕事が勤勉である	⇒ 工作勤恳 gōngzuò qínkěn	66-⑤
☐ 事故を未然に防ぐ	⇒ 防患于未然 fánghuànyú wèirán	46-③
☐ 静まりかえる	⇒ 安静下来 ānjìngxialai	30-②
☐ 姿勢を正す	⇒ 把姿势端正点儿 bǎ zīshì duānzhèng diǎnr	55-④
☐ 下書きをする	⇒ 写草稿 xiě cǎogǎo	51-②
☐ しっかり勉強する	⇒ 好好儿学习 hǎohāor xuéxí	55-⑥
☐ しっかり捕まる	⇒ 紧紧地抓住 jǐnjǐn de zhuāzhù	22-②
☐ しつこい	⇒ 纠缠不休 jiūchán bù xiū,	64-⑥
☐ 質については	⇒ 论质量 lùn zhìliang	6-⑦

🎧 Audio ▶ 88　　　　　【す】

☐ 睡眠を少なくする	⇒ 少睡点儿 shǎo shuì diǎnr	75-①
☐ スキャンダルが絶えない	⇒ 丑闻不断 chǒuwén bú duàn	61-①
☐ スケジュールが過密	⇒ 日程排得很紧 rìchéng páide hěn jǐn	21-⑦
☐ 涼しくなる	⇒ 凉快起来 liángkuàiqilai	34-⑥
☐ すでに満席	⇒ 已经满员 yǐjīng mǎnyuán	9-②
☐ ずばぬけた成績をあげる	⇒ 创造出优异成绩 chuàngzàochū yōuyì chéngjì	25-⑤
☐ スピードを出す	⇒ 开得太快 kāide tài kuài	18-②
☐ 座れない	⇒ 坐不下 zuòbuxià	9-②

🎧 Audio ▶ 89　　　　　【せ】

☐ 性格がきつい	⇒ 脾气厉害 píqi lìhai	66-②
☐ 咳が本当にひどい	⇒ 咳嗽得真厉害 késoude zhēn lìhai	4-④
☐ 責任をまっとうする	⇒ 尽到责任 jìndào zérèn	69-⑧

🎧 Audio ▶ 90

【そ】

□ 空が暗くなる	⇒ **天暗下来** tiān ànxialai	30- 1
□ それぞれ好みがある	⇒ **各有所好** gè yǒu suǒ hào	56- 5

🎧 Audio ▸ 91　　　　**【た】**

□ 大丈夫	⇒ **没事儿** méishìr	22- 2
□ 態度が弱腰になる	⇒ **态度软下来** tàidù ruǎnxialai	30- 5
□ 台風で吹き飛ばされた	⇒ **被台风吹走了** bèi táifēng chuīzǒule	14- 5
□ たくさん稼ぐ	⇒ **多挣钱** duō zhèng qián	61- 4
□ タクシーで家へ帰る	⇒ **打车回家** dǎchē huíjiā	59- 3
□ ただ～に過ぎない	⇒ **只不过是～而已** zhǐbuguò shì　éryǐ	3- 4
□ 頼みを断る	⇒ **拒绝请求** jùjué qǐngqiú	73- 1
□ たのむよ	⇒ **拜托你** bàituō nǐ	46- 6
□ 食べてみると	⇒ **吃起来** chīqilai	34- 4
□ 食べ慣れない	⇒ **吃不惯** chībuguàn	8- 4

🎧 Audio ▶ 92　　【ち】

🎧 Audio ▶ 93　　【つ】

🎧 Audio ▶ 94 　　【て】

□ 隣の部屋に運ぶ ⇒ **搬到旁边的房间** 16-③
bāndào pángbiān de fángjiān

□ 友だちと大喧嘩をする ⇒ **跟朋友大吵一架** 1-⑧
gēn péngyou dàchǎo yí jià

□ トラブルがあった ⇒ **发生了一些问题** 12-②
fāshēngle yì xiē wèntí

□ とるに足らない言葉 ⇒ **微不足道的话** 48-⑥
wēi bù zú dào de huà

□ トレーニングを頑張る ⇒ **坚持锻炼** 30-⑦
jiānchí duànliàn

□ トンカツ定食 ⇒ **炸猪排套餐** 62-⑥
zházhūpái tàocān

🎧 Audio ▶ 96 　　**【な】**

□ 長い行列ができる ⇒ **排起了长队** 2-⑦
páiqile chángduì

□ 泣き出す ⇒ **哭起来** 7-③
kūqilai

□ 何かというとすぐ手を出す ⇒ **动不动就动手** 2-①
dòngbudòng jiù dòngshǒu

□ 何かにつけかっとなる ⇒ **动不动就生气** 44-⑤
dòngbudòng jiù shēngqì

□ 何か怪物に取りつかれている ⇒ **有什么怪物附体** 67-⑦
yǒu shénme guàiwu fùtǐ

□ 何か動きがあれば ⇒ **有了什么动静** 40-④
yǒule shénme dòngjing

🎧 Audio ▶ 97　　　　　【に】

🎧 Audio ▶ 98　　【ぬ】

☐ 抜き足差し足で ⇒ **偷偷摸摸地** 19-⑤
tōutoumōmō de

🎧 Audio ▶ 99　　【ね】

☐ 寝過ごす ⇒ **睡过头** 14-②
shuìguòtóu

☐ 寝付けない ⇒ **睡不着觉** 20-⑦
shuìbuzháo jiào

☐ 熱中症で死ぬ ⇒ **中暑而死** 7-⑤
zhòngshǔ ér sǐ

☐ 眠れない ⇒ **睡不着觉** 7-②
shuìbuzháo jiào

☐ 年月が流れ去る ⇒ **岁月流逝过去** 33-①
suìyuè liúshìguoqu

🎧 Audio ▶ 100　　【の】

☐ 脳梗塞で息を引き取る ⇒ **由于脑梗塞死过去** 33-⑧
yóuyú nǎogěngsè sǐguoqu

☐ ノーコン ⇒ **没控球力** 71-⑤
méi kòngqiúlì

☐ のど飴でも舐める ⇒ **吃点儿薄荷糖** 6-⑥
chī diǎnr bòhétáng

🎧 Audio ▶101　　【は】

□ 話をはっきり言う	⇒ 把话说清楚 bǎ huà shuōqīngchu	15-④
□ 早歩き	⇒ 走得快 zǒude kuài	4-②
□ 速く歩けない	⇒ 走不快 zǒubukuài	8-⑥

🎧 Audio ▶102　【ひ】

□ ひっきりなしに	⇒ 不停地 bù tíng de	19-⑦
□ ひっくり返す	⇒ 反过来 fǎnguolai	32-③
□ 人っ子一人見当たらない	⇒ 一个人影都没有 yí ge rényǐng dōu méiyou	45-①
□ 人をからかう	⇒ 耍弄人 shuǎnòng rén	30-⑧
□ 100 名収容する	⇒ 容下 100 人 róngxia yìbǎi rén	24-⑤
□ 病気により退職する	⇒ 由于生病辞职 yóuyú shēngbìng cízhí.	1-⑥

🎧 Audio ▶103　【ふ】

□ 分厚い原稿	⇒ 厚厚的一摞稿子 hòuhòu de yí luò gǎozi	10-⑧

🎧 Audio ▶104　　【へ】

☐ ペナルティで退場させる	⇒ 罚出场外 fáchū chǎngwài	14-⑦
☐ 偏食がひどい	⇒ 偏食严重 piānshí yánzhòng	50-⑦

🎧 Audio ▸105　　　**【ほ】**

☐ ポイントがたまる	⇒ 累积分数 lěijī fēnshù	72-⑧
☐ 帽子を脱ぐ	⇒ 把帽子摘下来 bǎ màozi zhāixialai	29-①
☐ 棒に振る	⇒ 坐失良机 zuòshī liángjī	73-④
☐ 保存されてきた	⇒ 保存下来 bǎocúnxialai	29-⑦
☐ ほったらかしにする	⇒ 置之不理 zhì zhī bù lǐ	73-⑤
☐ ほどほどにする	⇒ 适可而止 shì kě ér zhǐ	55-②
☐ ぼやく	⇒ 发出一些牢骚 fāchū yì xiē láosao	25-⑧
☐ ぼやけて見える	⇒ 看得模糊不清 kànde móhu bùqīng	4-⑤
☐ ボリュームが上がらない	⇒ 音量调不大 yīnliàng tiáobudà	8-⑦
☐ 本職の仕事	⇒ 本职工作 běnzhí gōngzuò	50-①

□ まぶたが開かない	⇒ 眼皮睁不开 yǎnpí zhēngbukāi	9- 8
□ 真夜中まで開かれる	⇒ 开到深夜 kāidào shēnyè	20- 1
□ まるでネイティブと同じよう	⇒ 像当地人一样 xiàng dāngdìrén yíyàng	5- 3

🎧 Audio ▸107　　　　【み】

□ 見覚えがある	⇒ 有点儿印象 yǒudiǎnr yìnxiàng	67- 2
□ 水を入れるのが少ない	⇒ 水放少了 shuǐ fàng shǎo le	10- 3
□ 見たところ	⇒ 看起来 kànqilai	34- 3
□ 道を早足で歩く	⇒ 路走得快 lù zǒude kuài	5- 4
□ ３日間の有給休暇をもらう	⇒ 请三天带薪假 qǐng sāntiān dàixīn jià	2- 8
□ 見ればすぐに分かる	⇒ 一看就明白 yí kàn jiù míngbai	36- 2
□ 見分けられない	⇒ 分不清楚 fēnbuqīngchu	42- 2
□ みんなの期待に背く	⇒ 辜负大家的期待 gūfù dàjiā de qīdài	61- 7

【む】

☐ 昔のことが思い出される	⇒ 想起一桩往事 xiǎngqǐ yì zhuāng wǎngshì	27-③
☐ むかむかする	⇒ 觉得恶心 juéde ěxīn	73-③
☐ 無理しなくていい	⇒ 不必勉强了 bú bì miǎnqiǎng le	37-⑧
☐ 無理にする	⇒ 硬着干 yìngzhe gàn	75-⑦

【め】

☐ めちゃくちゃにちらかっている	⇒ 乱得一塌糊涂 luànde yì tā hútu	34-①
☐ 目を覚まさない	⇒ 醒不过来 xǐngbuguòlai	32-⑥
☐ 免疫機能を高める	⇒ 强化免疫功能 qiánghuà miǎnyì gōngnéng	46-⑤

【も】

☐ もう少し大きな声で言う	⇒ 大点儿声说 dàdiǎnr shēng shuō	8-③
☐ もっともらしい	⇒ 听着有道理 tīngzhe yǒu dàoli	61-⑤

□ もっとリラックスする	⇒ 再放松点儿 zài fàngsōng diǎnr	4-⑦
□ もとの場所に戻す	⇒ 放回原来的地方 fànghui yuánlái de dìfang	17-②

🎧 Audio ▶111　　　【や】

□ 安物	⇒ 便宜货 piányi huò	53-③
□ やっと食事にありつく	⇒ 才吃上饭 cái chī shang fàn	20-⑤
□ やり続ける	⇒ 继续做下去 jìxù zuòxiaqu	38-①
□ やる気がある	⇒ 有干劲儿 yǒu gànjìnr	39-③

🎧 Audio ▶112　　　【ゆ】

□ UFO を目撃する	⇒ 目击飞碟 mùjī fēidié	61-③
□ 優秀な人材を輩出する	⇒ 培养出优秀人才 péiyǎngchū yōuxiù réncái	25-④
□ 優勝できない	⇒ 得不了冠军 débuliǎo guànjūn	37-⑤
□ U ターンする	⇒ 掉过头来 diàoguò tóu lái	32-④

| □ 読み書きが得意 | ⇒ 善于读写
shànyú dúxiě | 61-2 |

🎧 Audio ▶114　　【り】

□ 理想的な成果をあげる	⇒ 做出理想的结果 zuòchū lǐxiǎng de jiéguǒ	31-7
□ 料金を払う	⇒ 交使用费 jiāo shǐyòngfèi	64-3
□ 良質の商品	⇒ 优质商品 yōuzhì shāngpǐn	53-3
□ 料理を片付ける	⇒ 把菜撤了 bǎ cài chèle	18-5

🎧 Audio ▶115　　【る】

| □ ルールに違反する | ⇒ 违反规则
wěifǎn guīzé | 69-5 |

🎧 Audio ▶116　　【れ】

| □ 冷蔵庫に入らない | ⇒ 冰箱里放不下
bīngxiāngli fàngbuxia | 9-4 |

ピンイン順

新出単語索引

※索引には、単語がどの課で出てきたのか分かる
ように、初出の課・例文の番号を記しています。

【品詞】

名	…… 名詞	前	………	前置詞
動	…… 動詞	接	………	接続詞
形	…… 形容詞	助動	……	助動詞
副	…… 副詞	代	………	代名詞
量	…… 量詞	助	………	助詞

238

239

241

L

248

ピンイン順 新出単語索引

255

256

Z

ピンイン順 新出単語索引

著者 **平山 邦彦**（ひらやま くにひこ）

1975 年生まれ。熊本県出身。1998 年 3 月東京外国語大学外国語学部中国語学科卒業。2000 年 3 月東京外国語大学大学院地域文化研究科博士前期課程修了。2000 年 9 月—2002 年 7 月 中国政府奨学金留学生（高級進修生）として北京大学へ留学。現在、拓殖大学外国語学部教授。NHK ラジオ「まいにち中国語」講師（2012 年 4-6 月、2013 年 10-12 月）。専門は、中国語学。

改訂新版 口を鍛える中国語作文
—語順習得メソッド— 中級編

2017 年 8 月 10 日　　第 1 版第 1 刷発行
2020 年 10 月 30 日　改訂新版第 1 刷発行
2021 年 12 月 20 日　改訂新版第 2 刷発行

著者：平山 邦彦

中国語ナレーション：于 暁飛
装丁・本文デザイン：松本 田鶴子
カバー・本文イラスト：iStock.com/johnwoodcock
協力：張 明傑（インフォーマント）／于 暁飛（インフォーマント）
　　　趙 嘉穎／長谷川 裕／佐藤 亘／毛利 曜／江川 莉恵子

発行人：坂本由子
発行所：コスモピア株式会社
　　　　〒 151-0053　東京都渋谷区代々木 4-36-4　MC ビル 2F
営業部：TEL: 03-5302-8378 email: mas@cosmopier.com
編集部：TEL: 03-5302-8379 email: editorial@cosmopier.com

https://www.cosmopier.com/　　［コスモピア・全般］
https://e-st.cosmopier.com/　　［コスモピア e ステーション］
https://www.kids-ebc.com/　　［子ども英語ブッククラブ］

印刷：シナノ印刷株式会社
音声編集：株式会社メディアスタイリスト

中国語らしい発音になる！
四声完全マスター

中上級〜

著者：胡 興智

6時間分の音声無料ダウンロード

A5判228ページ
本体2,000円＋税

特に四声の「壁」を感じている中級者におすすめ!!

　四声は、日本人にとって難関のひとつ。四声を間違えただけで、「中国語を勉強しています」と言ったつもりが「韓国語を勉強しています」になったり、「大雨が降ってきた」が「大きな魚がいっぱい降ってきた」になるのですから、やっかいです。

　中国語はひとつの文字に基本的に四声があり、二音節になると15通りもの組み合わせになります。本書はまるごと1冊が四声のトレーニング本。「見ないで聞く」「見ながら読む」「音声を聞いて復唱する」をはじめとするトレーニングで、どんどん声に出します。

本書の特徴

●段階を踏んだトレーニング

一音節からスタートして、二音節、三音節、四音節、五音節と、少しずつ確実にレベルアップする流れ。練習に使う語句や文は、日常のあいさつや決まり文句、旅行の必須表現、レストランやショッピングで使う定番表現、ビジネスで頻繁に使われる言い回しなど、実用的。発音練習がそのまま使える会話力へとつながります。

●基本語1,000語をマスター

練習素材は日常的によく使う基本語を中心に、中検やHSKでよく出る500語を含めた約1,000語を厳選して作成。さらに重要文法をほぼ網羅し、四声の練習をしながら文法の復習もできるように工夫しています。

直接のご注文は　https://www.cosmopier.net/shop